JN084869

人事担当者のための
採用から退職までの実務
Q&A100

TMI総合法律事務所 労働法プラクティスグループ 編著

労務行政

はしがき

　本書は、初めて人事担当者になった方々、また、労働法の基礎的な部分、特に実務でよく問題となる分野について優先的に学びたい方向けに、弊所の労働法を主に取り扱う弁護士で組織されている「労働法プラクティスグループ」のメンバーで執筆したものです。

　日本には、「労働法」という法律はありません。労働基準法、労働契約法、短時間労働者及び有期雇用労働者の雇用管理の改善等に関する法律、労働組合法、労働安全衛生法などさまざまな法令の総称が「労働法」であり、実に多くの労働法令が含まれます。「労働法」は改正が多く、最近では、働き方改革関連法が 2018 年 6 月 29 日に成立し、2019 年 4 月 1 日には時間外労働の上限規制、5 日間の年次有給休暇の時季指定義務、2020 年 4 月 1 日には、同一労働同一賃金に関する規制が施行されています。また、「労働法」の条文は抽象的な内容となっていることが多く、解釈の余地が広いことから、その解釈の余地を埋めるために、判例の役割が非常に重要となってきます。このように「労働法」を学ぶためには、多くの法令を追い続け、さらには、判例もチェックする必要があります。初めて人事担当者になった方にとっては大変な話ではありますが、労働法の専門家になるわけでありませんので、実務的に重要な点に絞って、効率良く勉強する必要があります。

　そこで本書では、思い切って、実務的に問題となりやすい論点だけに絞って、また、条文の引用も省略し、Ｑ＆Ａ方式で執筆しています。したがって、本書のすべてを通読する必要はなく、気になるＱ＆Ａだけを読んでもらっても構いません。

　本書を担当していただいた労務行政研究所の五林麻美様からは、われわれの原稿に対して、非常に示唆に富んだコメントをいただきました。心より御礼申し上げます。

　本書が、企業の皆様、特に人事担当者の方にとって、労働法を学ぶ上での一助となってくれれば幸いです。

執筆者を代表して
2021 年 2 月　近藤圭介

はじめに

1. 労働法とは

よく誤解されるところですが、「労働法」という名前の法律は存在しません。あくまで、労働基準法（以下、労基法）、労働契約法（以下、労契法）、労働組合法（以下、労組法）など、働くことに関するさまざまな法律をひとまとめにして「労働法」と呼んでいるのです。どこかで働く際、働く人（労働者）と雇う人（使用者）との間では労働契約が締結されますが、基本的には雇う側（使用者）のほうが雇われる側（労働者）よりも立場が強いため、労働契約を自由に結べてしまうと、劣悪な労働条件で働かされてしまうおそれがあることから、一定のルールを設けて労働者を保護するため、労働法が定められています。

労働法のすべての法令を覚える必要はなく、人事担当者としては、労働法の中でも、まずは労基法、労契法、労組法を押さえることが重要です。本書でも、これらの法律に関連する実務上の問題点を中心に構成しています。

なお、正社員だけではなく、契約社員、パート、アルバイト等雇われて働いている人はすべて労働法の保護の対象となります。他方、業務委託や請負など、仕事の完成に対して報酬が支払われるような働き方や会社から独立して働いている人については、労働法の対象にはなりません。したがって、大前提として、労働法の対象となる労働者であるか否かは実務上、非常に重要となってきます。

また、労働法の中でも、労契法（労基法）における「労働者」と労組法における「労働者」は意味が違ってきます。なぜかといいますと、そもそも労契法は個別の労働契約関係を規律する法律であるのに対し、労組法は集団的労使関係を規律した法律であり、両法は目的が異なるからです。

ちなみに、労契法における「労働者」とは、労働関係のさまざまな要

素を考慮して決せられる方法がとられており、①時間的・場所的拘束性、②業務遂行上の指揮監督、③諾否の自由、④代替性、⑤報酬の算定・支払方法を主要な判断要素とし、また、❶機械・器具の負担、報酬の額等に現れた事業性、❷専属性等を補足的な判断要素として判断されることになります（労基法も同じです）。

2. 行政通達について

　行政通達は、行政機関として、下級機関（都道府県労働局など）に法令の解釈や内部手続きを示すものです。労働法関連の行政通達は、労働法の条文だけではその解釈がよく分からない場合に厚生労働省から下級機関に示されます。ただし、行政通達にもさまざまな種類があり、以下のとおり整理されていますが、人事担当者としては、これらの内容を正確に覚える必要はなく、以下の用語が出てきたら、行政通達のことを意味するものだと理解してもらえれば十分です。行政通達は、行政機関が法令の解釈を示しているものですので、実務上は非常に重要なものとなります。

- ・発基　　事務次官通達で厚生労働省労基局関係のもの（事務次官による通達）
- ・基発　　厚生労働省労基局長通達（局長による通達）
- ・基収　　厚生労働省労基局長が問い合わせの照会に答えたもの（下部組織からの解釈照会に対する局長の回答）
- ・基監発　厚生労働省労基局監督課長の通達（課長による通達）

3. 判例について

　労働法は抽象的な文言が多く、その文言が何を意味しているのかよく分からないことがあります。例えば、労契法16条では、「解雇は、客観的に合理的な理由を欠き、社会通念上相当であると認められない場合は、その権利を濫用したものとして、無効とする」と規定しています。皆さ

んも、日本は欧米よりも労働者を解雇することが難しいと聞いたことが
あるかもしれませんが、まさにこの労契法16条が、その"解雇が容易で
ないこと"を示しているのです。しかし、この条文でいうところの「客
観的に合理的な理由を欠き、社会通念上相当であると認められない」と
いうのは一体何を意味しているのか、これを読むだけではよく分かりま
せん。そこで、先ほど触れた行政通達も重要となってくるのですが、日
本の場合は、裁判所が示した判断（判例）がより重要です。裁判所は、
抽象的な条文について、その解釈を示して、事案の解決を図る機関です
ので、その裁判所が出した判断は、他の事案でも応用することが可能で
あり、仮に、裁判所が判断する際には、類似の事案の裁判例がないかど
うかが重要となってくるのです。

　なお、「判例」の意義についてはさまざまなものがありますが、本書で
は、「個々の事件における裁判所の最終判断」と定義しておきます。ま
た、最高裁判所の判断が、地方裁判所や高等裁判所の判断よりも先例と
して大きな価値を有しますので、優先順位としては、まずは最高裁判所
の判決を確認することになります。ただし、人事担当者としては、もち
ろん労働法令のすべての最高裁判所の判決を押さえる必要はありませ
ん。まずは重要な論点に関するものだけで結構です。本書は、重要な判
例を踏まえた内容となっています（あえて引用を明示していません）の
で、わざわざ別に判例を確認する必要はありません。

労働時間——————67

●主な法律の略称

- 安衛法…労働安全衛生法
- 育児・介護休業法…育児休業、介護休業等育児又は家族介護を行う労働者の福祉に関する法律
- 個人情報保護法…個人情報の保護に関する法律
- 高年法…高年齢者等の雇用の安定等に関する法律
- 職安法…職業安定法
- 男女雇用機会均等法…雇用の分野における男女の均等な機会及び待遇の確保等に関する法律
- 派遣法…労働者派遣事業の適正な運営の確保及び派遣労働者の保護等に関する法律
- パート有期法…短時間労働者及び有期雇用労働者の雇用管理の改善等に関する法律
- 労働施策総合推進法…労働施策の総合的な推進並びに労働者の雇用の安定及び職業生活の充実等に関する法律
- 労基法…労働基準法
- 労契法…労働契約法
- 労組法…労働組合法
- 労災法…労働者災害補償保険法

採用

募集時の掲載事項で気をつけるべきこと、NGな採用条件は何か

1 労働者募集時の掲載事項

　会社が、ハローワークや民間の職業紹介事業者への求人申し込み、自社ホームページでの募集を行う場合には、求人票や募集要項等に労働条件を明示する必要があります。もし試用期間中の労働条件と本採用後の労働条件が異なる場合は、試用期間中と本採用後のそれぞれの労働条件を明示しなければなりません。

　なお、求人票のスペースが足りない等、やむを得ない場合には、求人票等に「詳細は面談の時にお伝えします」などと記載した上で、応募者と最初に接触する時点までにすべての労働条件を明示することも可能です。

　明示は、原則として書面の交付により行いますが、応募者が希望する場合には、電子メール等によることも可能です。もっとも、書面交付が原則である以上、電子メール等によることを希望することを条件に応募を受け付ける運用は認められません。応募者が電子メール等によることを希望しなかった場合には、応募者と最初に接触する時点までに書面の交付により労働条件の明示を行いましょう。

2 NGな採用条件

　会社には採用の自由が認められていますが、法令により一定の制限がなされています。差別的な採用条件は違法となり、また、応募者の能力等に無関係な家庭状況や生活環境といった事項、本来自由であるべき思想・信条に関する事項を採用条件とすることも違法と判断される可能性があります。なお、違法な採用条件を設けた場合には、会社が損害賠償責任等の法的責任を負う可能性があるほか、会社のレピュテーションにも悪影響が生じる可能性があるため、十分に留意が必要です。

✓ 労働条件の記載項目と記載例

記載が必要な項目	記載例
◎業務内容	一般事務
◎契約期間	期間の定めなし
◎試用期間	試用期間あり（3カ月）[注1]
◎就業場所	本社（●県●市●ー●）または　△支社（△県△市△ー△）
◎就業時間 ◎休憩時間 ◎休日 ◎時間外労働	9：00〜18：00 12：00〜13：00 土日、祝日 あり（月平均20時間）
	裁量労働制を採用している場合は、以下のような記載が必要です。[注1] （例）「企画業務型裁量労働制により、○時間働いたものとみなされます。」 同意した場合に高度プロフェッショナル制度の適用が予定される場合には、その旨の記載が必要です。
◎賃金	月給20万円（ただし、試用期間中は月給19万円）
	時間外労働の有無にかかわらず一定の手当を支給する制度（いわゆる「固定残業代」）を採用する場合は、以下のような記載が必要です。[注1] ①基本給　××円（②の手当を除く額） ②□□手当（時間外労働の有無にかかわらず、○時間分の時間外手当として△△円を支給） ③○時間を超える時間外労働分についての割増賃金は追加で支給
◎加入保険	雇用保険、労災保険、厚生年金、健康保険
◎募集者の氏名または名称	○○株式会社[注1]
（○派遣労働者として雇用する場合）	雇用形態：派遣労働者[注1]
◎受動喫煙防止措置の状況	屋内原則禁煙（喫煙専用室設置）[注2]

資料出所：厚生労働省パンフレット「労働者を募集する企業の皆様へ」（2020年1月作成版）
[注] 1　2018年1月1日より追加等された事項。　2　2020年4月1日より追加される事項。

✓ NGな採用条件

項目	概要
年齢制限の禁止	労働施策総合推進法施行規則1条の3第1項各号で定める場合を除き、労働者の募集および採用について、その年齢にかかわりなく均等な機会を与えなければならない
性別差別の禁止	労働者の募集および採用について、その性別にかかわりなく均等な機会を与えなければならない　※詳細は、均等法指針参照
間接差別（実質的な性別差別）の禁止	募集および採用等に関して、合理的な理由がない限り、以下の措置を講じてはならない。 ・労働者の身長、体重または体力に関する事由を要件とするもの ・労働者の住居の移転を伴う配置転換に応じることができることを要件とするもの
障害者差別の禁止	労働者の募集および採用について、障害者に対して、障害者でない者と均等な機会を与えなければならない

Q　応募者のことを、どの程度調査してよいか

1　応募者の調査

　法令による制限以外の部分に関しては、会社には採用の自由が認められているため、採否を判断するために応募者を調査する自由も認められていますが、採用差別の防止等の観点から、調査の内容にも一定の制限があります。つまり、応募者の調査は、応募者の職業上の能力・技能や従業員としての適格性に関連した事項に関するものに限られ、また、応募者の人格権やプライバシー権等を侵害しないような社会通念上妥当な方法で行うことが必要です。調査事項ごとの法的留意点は、次のとおりです。

[1] 素行調査

　各個人がソーシャル・ネットワーキング・サービス（SNS）等を通じて自らの個人情報を発信する機会が増えたことは、会社による情報収集の手段が増えたことをも意味します。採用内定後に素行不良であることが判明したことにより採用内定取り消しを行う場合、採用内定取り消し事由になり得るのは、少なくとも採用内定当時に知ることが期待できなかった事項に限られるので、仮に内定者の素行不良がSNS等の調査によって容易に知ることができたのであれば、採用内定取り消しが認められない可能性があります。そのため、応募者の素行等に懸念を抱いた場合には、事前にSNS等の調査を行うことも検討に値します（ただし、他人になりすますなどして限定公開している情報を収集するなど、不当な方法による調査は認められません）。

　他方、応募者に関する情報を応募者以外から収集することは、個人情報保護法に違反する可能性があるため注意が必要です。例えば、個人情報を第三者に提供するためには、原則として本人の同意を取得すること

が必要となります。よって、中途採用において、前の職場での勤務態度等を問い合わせ、当該情報を取得する場合には、応募者本人の同意を得ることが必要です。

[2] 反社会的勢力等との関係調査

国家的な暴力団排除の動きを受け、各自治体で暴力団排除条例が制定されました。条例において契約の相手方等が暴力団関係者でないことを確認する努力義務が事業者に課せられたことを考えると、会社として反社会的勢力等との関わりを一切持たないよう努めることは極めて重要です。そのため、採否を判断するに当たって、応募者から暴力団への加入歴や関係性に関する情報を収集し、またはインターネット検索等によりバックグラウンドチェックを実施することは許容されると考えます。もっとも、応募者本人に関わらない事項、例えば、親類の暴力団への加入歴や関係性については、職安法指針で収集が禁止されている「門地」に関する事項に該当するおそれがあるため、調査は控えるべきであると考えます。

2 健康診断

採用選考時の健康診断は、採否を判断するために実施するものですが、応募者が採用後に従事する職種や業務内容等に照らして、客観的かつ合理的な必要性が認められるものに限って許容されます。

応募者に検査の必要性および検査項目を十分に説明し、応募者の了承を得てから実施することが望ましく、会社が検査結果を取得する場合には、応募者に対して利用目的を明示し、応募者から同意を取得するなど、個人情報保護法に従ったプロセスを経て行う必要があります。現に、応募者本人の同意を得ないで行ったHIV抗体検査やB型肝炎ウイルス感染検査が、プライバシー侵害による違法行為と判断された裁判例があります。

なお、従業員の健康情報の取り扱いは、「雇用管理分野における個人情報のうち健康情報を取り扱うに当たっての留意事項」を参照ください。

採用面接で聞いてはいけないこと、採用面接で注意すべき点は何か

1 採用面接で聞いてはいけないこと

　会社には採用の自由が認められているため、採否を判断するために応募者を調査する自由も認められています。しかし、採用差別の防止等の観点から、法令等により一定の制限がなされています。

✓ 採用面接で聞いてはいけないこと

収集したり、聞いてはいけない事項	根拠法令および指針
・人種、民族、社会的身分、門地、本籍、出生地その他社会的差別の原因となるおそれのある事項 ・思想および信条 ・労働組合への加入状況	職安法5条の4第1項、職安法指針
・採用面接に際して、結婚の予定の有無、子供が生まれた場合の継続就労の希望の有無等一定の事項について女性に対してのみ質問すること	男女雇用機会均等法5条、均等法指針

　また、厚生労働省は、ホームページやパンフレット等において公正な採用選考の啓発を行っており、次の事項について、応募用紙等に記載させたり面接で尋ねたりして把握することを避けるよう指導しています。

✓ 聞いてはいけない質問の例

本人に責任のない事項	・本籍・出生地に関すること ・家族に関すること（職業、続柄、健康、病歴、地位、学歴、収入、資産など） ・住宅状況に関すること（間取り、部屋数、住宅の種類、近郊の施設など） ・生活環境・家庭環境などに関すること

本来自由であるべ き事項	・宗教に関すること ・支持政党に関すること ・人生観、生活信条に関すること ・尊敬する人物に関すること ・思想に関すること ・労働組合に関する情報（加入状況や活動歴など）、学 　生運動など社会運動に関すること ・購読新聞・雑誌・愛読書などに関すること

２ 採用面接で注意すべき事項

　採用面接の内容は、可能な限り、記録しておきましょう。採否の判断だけでなく採用決定後においても重大な意味を持つからです。例えば、採用決定後に、採用面接における応募者の発言と異なる事実が発覚し（経歴詐称等）、会社が解雇や内定取り消しその他の処分等を行う場合、採用面接の内容が唯一の証拠になる可能性があります。

　なお、応募者から採用面接を録音したいとの申し出を受けた場合、採用面接での質問事項等が他の応募者に共有されれば公平な採用選考が行えなくなるおそれがあるため、録音の申し出を拒否することは可能です。また、事前に応募者に認識してもらうために、録音禁止である旨をあらかじめ募集要項等に記載しておくことも考えられます。

労働条件通知書を記載する上での注意点

1 労働条件通知書における記載事項等

　会社は、労働契約の締結に際し、労働者に対して、労働条件を明示しなければなりません。なお、労働条件通知書のひな型は厚生労働省のホームページ（https://www.mhlw.go.jp/bunya/roudoukijun/roudoujouken01/）で公表されているので、参照ください。

✓ 労働条件の明示について

明示が必要な事項（必要的記載事項）	・労働契約の期間 ・期間の定めのある労働契約を更新する場合の基準 ・就業の場所、従事すべき業務 ・始業・終業の時刻、所定労働時間を超える労働の有無、休憩時間、休日、休暇ならびに労働者を二組以上に分けて就業させる場合の就業時転換に関すること ・賃金（退職手当、臨時に支払われる賃金等を除く）の決定、計算・支払いの方法、賃金の締め切り・支払いの時期 ・退職に関すること（解雇の事由を含む） ※有期雇用労働者および短時間労働者の場合には、上記に加えて以下の事項 　・昇給の有無 　・退職手当の有無 　・賞与の有無 　・短時間・有期雇用労働者の雇用管理の改善等に関する事項に係る相談窓口
明示の時期	・労働契約締結時
明示の方法	・原則：書面の交付 ・例外：労働者が希望した場合には、ファクシミリや電子メール等による送信も可能

2 実務上のポイント

[1] 記載の省略の可否

　明示が必要な事項の中には就業規則で詳細が規定されているものもありますが、その具体的な内容をすべて労働条件通知書に記載する必要はありません。契約締結時に、労働条件通知書とともに、適用する部分を明確にした就業規則を交付してもいいですし、明示すべき事項の内容が膨大なものとなる場合には、労働条件通知書に「詳細は、就業規則第○条～第○条参照」等と記載して関係条項名を網羅的に示すことも許容されています。

[2] 明示の時期

　明示の時期である、労働契約締結時とは、理論的には内定成立時となりますので、内定通知とともに、一定程度労働条件を明示することが望ましいでしょう。

　とはいえ、実務上は内定成立時において確定困難な労働条件もあるため、その場合には遅くとも入社時までにすべての労働条件を明示すれば足りると考えます。

[3] 契約の内容に応じた記載

　労働条件通知書は、雇用契約の内容を示す極めて重要な文書であり、もし訴訟が提起された場合、裁判において重要な証拠になることが少なくありません。そのため、採用時の面談等において、決まった条件が存在するのであれば、可能な限りすべて労働条件通知書に記載しておくべきと考えます。

　例えば、契約の内容に応じて、次ページのような対応が考えられます。

✓ 労働条件通知書に記載しておきたいこと

地域限定・職種限定	・地域や職種を限定する場合は、その旨を明記し、仮に当該地域の事業所がなくなった場合や当該職種がなくなった場合の効果についても明記する
地域・職種の限定なし	・転居を伴う異動を命じる可能性があることを明記する ・配置転換（職種の変更）を命じる可能性があることを明記する
ジョブ型雇用	・職務内容、役割、責任等を可能な限り具体的に明記し、それに対応する給与を示すとともに、職務内容等が変わった場合の待遇の内容についても可能な限り記載しておく
中途採用	・会社が求める能力・スキル・経験・資格・役割・責任等を可能な限り明記する

採用内定時に提出してもらう誓約書の内容は何か、身元保証契約は締結するべきか

1 誓約書

　労働者に遵守させる事項を明確化したり、紛争を未然に防止したりするため、雇用契約を締結する際には、以下の内容を含んだ誓約書の提出を求めることが考えられます。

✓ 採用内定時の誓約書の項目例

誠実義務	就業規則その他の社内規則等を遵守し、業務命令に従い、誠実に勤務すること
異動等への同意	勤務地、職種、職位、業務内容、賃金その他の労働条件等の変更、関連会社への出向等、人事上の命令に従うこと
秘密保持義務	業務上知り得た営業上の秘密や、開発その他技術上の秘密を第三者に開示・漏洩せず、また、業務外で使用しないこと
競業避止義務	会社の承諾なしに同業他社への就職や、会社と同種の業務を行わないこと
誹謗中傷の禁止	方法を問わず、会社、会社の従業員、役員、取引先、顧客その他関係者に対して誹謗中傷その他名誉・信用を毀損する行為を行わないこと
反社会的勢力排除	現在および将来において、 ・暴力団員、暴力団員でなくなった時から5年を経過しない者、暴力団準構成員、総会屋、社会運動等標ぼうゴロ、特殊知能暴力集団の構成員、その他これらに準ずる者（以下、反社会的勢力等）に該当しないこと ・反社会的勢力等を利用していると認められる関係性や、反社会的勢力等に資金や便宜を供与していると認められる関係性、その他反社会的勢力等と社会的に非難されるべき関係性を有しないこと

損害賠償	故意・過失により会社に損害を与えたときは、その損害を賠償すること
表明・保証	以下の事項に関して表明・保証すること ・採用に関して提出した書類の記載事項や説明した事項がすべて真実であること ・その事実を告知していれば、採用されなかったであろうと合理的に考えられる事実を秘していないこと ・精神的または身体的な病気等により、勤怠や業務遂行等への支障がないこと ・業務に従事するために必要な就労資格その他の資格を有し、予定されている業務を行うに当たっての欠格事由が存在しないこと
内定取り消し事由	現在および将来において、以下のいずれかの事由に該当する場合には採用内定が取り消されることを理解し、これに異議を述べないこと ・入社日までに内定者が学校を卒業できなかった場合 ・内定者の心身の健康状態が著しく悪化し入社日以降の就労が困難である場合 ・重大な経歴詐称が発覚した場合 ・重大な違法行為により逮捕・起訴された場合
入社前研修・課題	別途会社が指定する研修に出席し、課題を提出すること（32ページ参照）

② 身元保証契約

　身元保証契約とは、労働者が会社に対して損害賠償責任を負う場合に、身元保証人もその損害賠償責任を負うことを会社と身元保証人との間において保証する契約のことをいいます。労働者が損害賠償を支払うことができない場合に備えて、締結しておくことが望ましいです。

　もっとも、保証は無制限ではなく、身元保証法や民法において、制限が設けられています。

✓ 身元保証契約成立の条件や制限の内容

契約期間の 上限	最長5年（更新をする場合も更新時より5年を超えることはできない）。期間を定めなかったときは3年
損害賠償額の 限界	身元保証人の損害賠償責任の範囲と損害賠償額は、使用者の過失の有無、身元保証を引き受けるに至った経緯、身元保証人の注意の程度、労働者の任務・身上の変化等その他一切の事情を考慮して裁判所が決定することとされており、会社に生じた損害の全額を身元保証人に対して請求することは困難である（事案によっては1割未満の金額が認定されることもある）
強行法規	法律に反して身元保証人にとって不利な特約を合意した場合、当該特約は無効となる
書面作成	身元保証契約は、民法の保証に関する規定の適用を受けるため、書面あるいは電磁的記録にて契約を締結する必要がある
極度額の定め	極度額（責任の上限額）を定めなかった場合、身元保証契約は無効となる

Q どのようなケースであれば
採用内定を取り消すことができるか

1 採用内定取り消しの一般的な考え方

　いわゆる採用内定の法的性質は、始期付解約権留保付労働契約の成立です。つまり、就労開始日までの間に内定取り消しをする可能性があるという条件付きの労働契約となります。条件付きとはいえ、採用内定が労働契約である以上、理由なく取り消すことはできません。

　採用内定取り消しがどのような場合に認められるかについては判例によって確立されており、採用内定当時知ることができず、また知ることが期待できないような事実であって、これを理由として採用内定を取り消すことが解約権留保の趣旨、目的に照らして客観的に合理的と認められ社会通念上相当として是認することができる場合に限り、認められています。

　仮に採用内定通知や誓約書等において採用内定取り消し事由が記載されていた場合であっても、これらに該当するだけでは不十分であり、採用内定取り消しの適法性を判断するためには、事実の重大性、従業員としての不適格性、内定者の不誠実さ、背信性の程度、過去の同種事案への対応方法等を考慮して、事案ごとに個別具体的な検討を行うことが必要です。

2 採用内定取り消しの適法性が認められる可能性が高い／低いケース

　上記のとおり、採用内定取り消しが適法と認められるかはケース・バイ・ケースですが、過去の裁判例等に鑑み、適法性が認められる可能性が高いケースと低いケースを次表のとおりまとめました。

✓ 採用内定取り消しが認められる可能性が高い／低いケース

適法性が認められる可能性が高いケース	適法性が認められる可能性が低いケース
・内定者が学校を卒業できなかった場合 ・内定者の心身の健康状態が著しく悪化し入社日以降の就労が困難である場合 ・重大な経歴詐称が発覚した場合 ・重大な違法行為により逮捕・起訴され、有罪判決を受けた場合 ・外国人内定者が業務内容等に応じた在留資格を取得できなかった場合	・採用内定時に既に判明していたまたは十分に予測し得た事情を理由とする場合（例：内定者がグルーミー〔陰気〕な性格であること、経営状態の悪化等） ・内定者に関する客観的な裏づけを欠く前職での「悪い噂」があることを理由とする場合 ・内定者が学業への支障等といった合理的な理由に基づいて入社前研修に出席しなかったことを理由とする場合

③ 実務上のポイント

　一般的に、採用内定取り消しは、通常の解雇と同様に、適法性が認められるハードルが高いことから、実務上は、採用内定取り消しが否定されるリスクを避けるため、内定者に対して内定辞退を勧奨し、最終的に内定者が自らの意思で採用内定を辞退することが望ましいでしょう。そのためには、採用内定時の説明や誓約書の内容を工夫して、いざという時に内定辞退を促しやすい環境を整えておくことが肝要です。

　なお、採用内定取り消しを行わざるを得ない場合には、裁判等に備えて、採用内定取り消しの根拠となった事実の客観的な裏づけの確認や当該事実の重大性等に関する検討をしっかりと行い、すべて記録化しておくべきと考えます。

入社前の内定者に、研修への出席や課題の提出を求めてもよいか

1 入社前の内定者に研修への出席や課題の提出を求めてもよいか

　採用内定の法的性質は、条件付きではあるものの労働契約の成立であり、当該契約に基づいて内定者に対して入社前研修への出席や課題の提出を命じることができると考える余地はありますが、トラブル防止のため、研修への出席や課題の提出に際して内定者の合意を求めることが望ましいと考えます。

　具体的には、内定通知書や誓約書等に、入社前に出席を求める研修の有無とその時期・内容、提出を求める課題の有無とその内容や提出時期等を明記し、内定者に同意してもらうとよいでしょう。また、研修への出席や課題の提出にかかる費用を内定者に負担させる場合には、その旨を明記しておく必要があります。

　なお、内定を辞退した場合に費用の返還を求める旨の合意をすることは、労基法 16 条に反する可能性が高いため、避けるべきと考えます。

✓ 内定者に入社前研修や課題提出を求める場合の記載例

1. **入社前研修（全員出席）のご案内**
   日程（予定）：●年×月△日　□時〜★時
   場所（予定）：本社○階講堂
   研修内容：……………………………
   ※交通費は当社が負担いたします。
   ※出席が難しい場合には、あらかじめご連絡ください。

2. **入社日にご提出いただく課題のご案内**
   課題の内容：……………………………（詳細は追ってご連絡いたします）
   ※課題の検討に当たってかかる費用はご自身でご負担ください。

② 研修への出席・課題の提出を拒否された場合の対応

　内定者は、学生であることが多いところ、学生の本分は学業であるため、本来、入社以後に行われるべき研修等によって学業等を阻害してはならないと考えられます。入社日前の研修等について同意しなかった内定者に対して、内定取り消しはもちろん、不利益な取り扱いをすることは許されず、また、いったん出席に同意した内定者が、学業への支障などの合理的な理由に基づき、入社日前の研修等への出席を取りやめる旨を申し出たときは、これを免除すべき信義則上の義務を負っていると考えられています。

　したがって、研修に欠席し、あるいは課題を提出しなかった場合も、学業への支障等の合理的な理由がある場合には、その内定者に対する不利益な取り扱いは避けるべきと考えます。

③ 研修への出席や課題の提出に対して賃金を支払う必要があるか

　研修への出席や課題の提出が「労働」である場合には、その対償として賃金を支払う必要があります。つまり、自由参加の研修や会社の管理下で行われるものではない課題の提出であれば、「労働」と評価される可能性は極めて低いですが、拘束の度合いが高く、業務関連性が強い内容である場合には、「労働」と評価される可能性がありますので、研修や課題の設計方法に留意してください。

Q 試用期間満了前や満了時に解雇してよいか

1 試用期間とは

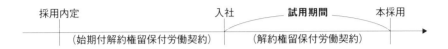

採用内定　　　　　　　　　　入社　　　**試用期間**　　　本採用
　　　（始期付解約権留保付労働契約）　　　（解約権留保付労働契約）

　一般的に、試用期間は、入社までの過程において知り得ない当該労働者の資質、性格、能力、適格性等を調査・判断する目的で設けられており、期間としては入社後3〜6カ月と設定されているケースが多いです。

　判例・通説によれば、試用期間の法的性質は、解約の可能性がある労働契約期間と考えられており（解約権留保付労働契約）、試用期間中の解雇や試用期間満了時の本採用拒否は留保解約権の行使と評価されます。

2 留保解約権の行使の適法性

　留保解約権の行使は、無制限に許されるものではありません。入社までに知ることが期待できないような事実が判明した場合で、解約権留保の趣旨・目的に照らして、客観的に合理的な理由があり社会通念上相当として是認される場合にのみ認められます。とはいえ、留保解約権の行使は、通常の解雇よりも広い範囲において認められます。具体的には、著しい能力・意欲不足、協調性の欠如、業務と関連する刑事犯罪の発覚、著しい素行不良等が判明し、もはや雇用を継続することができないと評価し得るような場合がこれに当たります。

　もっとも、実務上は、通常の解雇ほどではないものの適法性が認められるハードルはかなり高いため、留保解約権の行使には十分な準備と慎重な判断が必要です。

③ 実務上のポイント

　留保解約権の行使を行うためには、十分な準備と慎重な判断が必要です。例えば、能力不足が理由であれば、当該労働者と協議の上、一定期間ごとに目標を設定し、その達成の度合いを客観的に評価できるようにするとともに、達成できなかった場合には注意・指導を行い、改善の機会を付与した上で、その後の目標達成度合いを確認することにより、能力不足を客観的に裏づける根拠を残し（記録化し）、その上で、雇用を継続できないほどの能力不足であるかについて過去事例等を参考に慎重に判断する必要があります。また、それらが十分でない場合には、試用期間を延長するなどして、さらなる調査・判断を行うことが考えられます。

　この点、試用期間の延長は、原則として、就業規則に根拠規定があり、延長することに合理的な事由がある場合に限り認められますが（再延長の規定があり、その必要性があれば、再延長も認められ得ます）、試用期間中は労働者が不安定な地位にあるため、試用期間の合計期間が不当に長期にわたる場合には違法と判断される可能性があるので、最長でも1年と考えておいたほうがよいと考えます。

　なお、実務上は、留保解約権の行使の適法性が否定されるリスクを避けるため、当該労働者に対して退職勧奨し、最終的に当該労働者が自らの意思で退職するよう促すことが望ましいでしょう。

Q 外国人を雇用するときに注意すべき点は何か

1 海外在住の外国人を入国させる場合の手続き

　海外在住の外国人を日本に入国させるには上陸許可を得る必要があり、上陸許可を得るためには在留資格認定証明書と査証（ビザ）のある真正かつ有効な旅券（パスポート）が必要です。入国手続きの流れは次のとおりです。

✓ 入国手続きの流れ

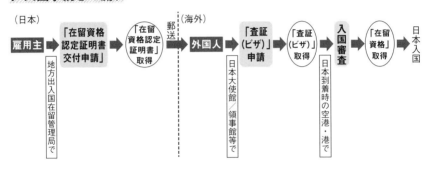

2 外国人を雇用する際の注意点

　国内在住か海外在住かを問わず、外国人を雇用する際の一般的な注意点は、表のとおりです。

✓ 外国人を雇用する際の一般的な注意点

募集	・外国人のみを対象とする求人や外国人が応募できない求人の禁止 ・面接時の「国籍」等の質問の禁止 ・在留資格等の確認は口頭で行い、在留カード等の提示を求める場合には採用決定後に行うこと

採用段階	・在留資格の確認 　→従事する業務の内容が当該在留資格に認められる活動の範囲内であるか 　→学歴・職歴等が在留資格の取得要件を満たしているか 　→在留カードの有効性（偽造の有無、入国管理局ホームページにて番号の有効性の確認）（採用決定後に確認） ・労働条件の明示 　→労働条件通知書（雇用契約書）等を書面等で交付 　→労働条件通知書等において必要的記載事項（24ページ参照）に加えて以下の事項を記載 　　■詳細な業務内容、責任、役割、異動の有無等 　　■入社日までに所定の在留資格を取得することを契約の成立条件とする旨を記載 　　※母国語や当該外国人が使用する言語または平易な日本語（以下、母国語等）を用いて当該外国人労働者が理解できる方法により明示するよう努める。 　　※税金、雇用保険、社会保険の保険料、労使協定に基づく一部控除の取り扱いについても、外国人労働者が理解できるよう説明し、実際に支給する額が明らかとなるよう努める。 ・身元保証書、誓約書等の取得 ・国籍を理由とする労働条件の差別的取り扱いの禁止
入社直後	・外国人雇用状況の届け出 ・（該当する場合）雇用保険被保険者資格取得届、在留カード番号の届け出 ・（該当する場合）健康保険・厚生年金保険被保険者資格取得届 　→社会保障協定締結国の国籍を有する者は、5年以内の一時派遣などの場合、本国で社会保険制度に加入していれば、日本の社会保険への加入を免除される可能性がある。 　→厚生年金保険に関し、個人番号と基礎年金番号が結びついていない場合等は、ローマ字氏名届を提出する必要がある。 　　※労働・社会保険に係る法令の内容および保険給付に係る請求手続き等について、母国語等を用いて説明する等、外国人労働者が理解できる方法により周知に努める。

入社〜 退社	・就業規則や労使協定等の周知（外国人が理解できる方法による） ・在留資格の継続の確認 ・安全衛生教育等の実施（外国人が理解できる方法による） ・業務面でのサポート、生活面でのサポート ・文化・価値観の違いへの配慮
退社時	・外国人雇用状況の届け出 ・（資格取得していた場合）雇用保険被保険者資格喪失届と在留カード番号の届け出 ・（資格取得していた場合）雇用保険被保険者離職証明書の発行 ・（資格取得していた場合）健康保険・厚生年金保険被保険者資格喪失届
その他	・外国人労働者を常時10人以上雇用する事業者は、雇用労務責任者を選任 ・就業規則に定める解雇事由として、「在留資格更新許可を得られず、入管法上就労を継続できない場合」を明記

〈参考〉厚生労働省ホームページ：外国人労働者向けモデル労働条件通知書

外国人の在留資格にはどのようなものがあるか

1 在留資格の種類

　在留資格は、2019年4月に「特定技能」が追加されたことにより、2021年1月現在、29種類あり、この中には、就労が認められるものと、原則認められないものがあります。在留資格ごとに、認められる活動の範囲が決められているところ、その範囲を超えた活動は不法就労活動に該当し、外国人本人だけではなく、雇用主や会社にも不法就労助長罪が成立し、3年以下の懲役もしくは300万円以下の罰金またはこの併科（会社は罰金のみ）の刑事処分の対象になり得ます。また、たとえ不法就労であることを知らなかったとしても免責されないので、外国人労働者の就労活動が在留資格の範囲内であるかの確認は必要不可欠です。

✔ 在留資格と就労の可否

■ 就労が認められる在留資格（活動制限あり）

在留資格	該当例
外交	外国政府の大使、公使等およびその家族
公用	外国政府等の公務に従事する者およびその家族
教授	大学教授等
芸術	作曲家、画家、作家等
宗教	外国の宗教団体から派遣される宣教師等
報道	外国の報道機関の記者、カメラマン等
高度専門職	ポイント制による高度人材
経営・管理	企業等の経営者、管理者等
法律・会計業務	弁護士、公認会計士等
医療	医師、歯科医師、看護師等
研究	政府関係機関や企業等の研究者等
教育	高等学校、中学校等の語学教師等

技術・人文知識・国際業務	機械工学等の技術者等、通訳、デザイナー、語学講師等
企業内転勤	外国の事務所からの転勤者
介護	介護福祉士
興行	俳優、歌手、プロスポーツ選手等
技能	外国料理の調理師、スポーツ指導者等
特定技能 [注1]	特定産業分野 [注2] の各業務従事者
技能実習	技能実習生

■ **身分・地位に基づく在留資格（活動制限なし）**

在留資格	該当例
永住者	永住許可を受けた者
日本人の配偶者等	日本人の配偶者・実子・特別養子
永住者の配偶者等	永住者・特別永住者の配偶者、わが国で出生し引き続き在留している実子
定住者	日系3世、外国人配偶者の連れ子等

■ **就労の可否は指定される活動によるもの**

在留資格	該当例
特定活動	外交官等の家事使用人、ワーキングホリデー等

■ **就労が認められない在留資格** [注3]

在留資格	該当例
文化活動	日本文化の研究者等
短期滞在	観光客、会議参加者等
留学	大学、専門学校、日本語学校等の学生
研修	研修生
家族滞在	就労資格等で在留する外国人の配偶者、子

資料出所：出入国在留管理庁「在留資格『特定技能』について」
[注] 1　2019年4月1日から。
　　 2　介護、ビルクリーニング、素形材産業、産業機械製造業、電気・電子情報関係産業、建設、造船・舶用工業、自動車整備、航空、宿泊、農業、漁業、飲食料品製造業、外食業（2018年12月25日閣議決定）
　　 3　資格外活動許可を受けた場合は、一定の範囲内で就労が認められる。

2 実務上、注意が必要な在留資格

[1] 技術・人文知識・国際業務

通称「ギジンコク」と呼ばれ、広く活用されている在留資格ですが、実態としては、不法就労活動の温床になっていることが多く、近年、摘発事例が増加傾向にあります。

「ギジンコク」はいわゆるホワイトカラーを想定した在留資格のため、外国人労働者が飲食業、宿泊業等で主に接客業務に従事している場合は、①それが企業における研修の一環であって、その業務に従事するのは採用当初の時期にとどまる場合、②外国人顧客が多く、主として通訳・翻訳業務を行っていると評価される場合等でない限り、基本的には「ギジンコク」に認められた活動の範囲を逸脱しているものと考えられるため、業務内容の見直しや特定技能の活用等、必要な対策を講じる必要があります。

[2] 技能実習

近年、外国人技能実習生の劣悪な就労環境・条件が社会的に問題になっています。技能実習生を受け入れている会社に違法行為があり、悪質性が高いと判断された場合、技能実習計画の認定が取り消されるほか、5年間、技能実習生の受け入れができなくなるため、①違約金の定めのある契約等により技能実習生が権利主張をできない環境に置かれていないか、②技能実習計画に沿った活動を行っているか等を中心に、早急に適法性を確認する必要があります。

[3] 資格外活動

原則として就労が認められていない在留資格（例えば、「留学」や「家族滞在」）でも、資格外活動許可を得ることにより、週28時間（「留学」の場合、教育機関の長期休業期間中は1日8時間以内）までの就労活動を行うことが可能です。

もっとも、週 28 時間のルールに違反しているケースも多く見受けられるため、会社は外国人留学生の労働時間の管理を徹底する必要があります。

就業規則、労使協定、労働契約

就業規則には何を定める必要があるか。また、作成後は何をする必要があるか

1 就業規則の作成（就業規則に記載すべき事項）

　就業規則とは、従業員が就業上遵守すべき服務規律や労働条件の細目を定めた規程のことをいいます。「就業規則」という名称でなくとも、服務規律や労働条件を定めるものであれば、就業規則に当たります。

　使用者は、常時使用する従業員が 10 人以上（正社員以外の雇用形態の従業員や、受け入れ出向者は含みますが、派遣会社から受け入れている派遣社員は含みません）の事業場においては就業規則を作成する義務があり、少なくとも、下表の 1 ～ 3 の事項を定める必要があります（絶対的必要記載事項）。また、下表の 4 ～ 11 の事項については、当該事業場において制度を設ける場合には、就業規則に定めなければなりません（相対的必要記載事項）。

✓ 就業規則に定める事項

【必須】絶対的必要記載事項	
1	始業・終業の時刻、休憩時間、休日、休暇ならびに労働者を二組以上に分けて交替勤務させる場合は就業時転換に関すること
2	賃金の決定・計算・支払いの方法、賃金の締め切り・支払いの時期、昇給に関すること
3	退職に関すること（解雇の事由を含む）
【制度があるなら必須】相対的必要記載事項	
4	退職手当に関すること（適用される労働者の範囲、退職手当の決定、計算・支払いの方法、退職手当の支払いの時期）
5	臨時の賃金等（賞与）、最低賃金額に関すること
6	食費、作業用品などの負担に関する事項

7	安全や衛生に関する事項
8	職業訓練に関する事項
9	災害補償、業務外の傷病扶助に関する事項
10	表彰や制裁の種類・程度に関する事項
11	当該事業場の労働者のすべてに適用される事項

　労基法上記載すべき事項の記載が欠けている場合や、正社員以外にパート等の雇用形態の従業員がいるにもかかわらず、パート等の一部の労働者を（正社員用の）就業規則の適用から除外しながら、パート等の就業規則を作成していない場合にも作成義務違反が成立することになるため留意が必要です。

　なお、作成に当たっては、厚生労働省が公開しているモデル就業規則も参考になります（モデル就業規則：https://www.mhlw.go.jp/stf/seisakunitsuite/bunya/koyou_roudou/roudoukijun/zigyonushi/model/index.html）。

２ 過半数労働組合等に対する意見聴取と労働基準監督署への届け出

　常時10人以上の従業員を使用する事業場において、就業規則を作成・変更した場合には、その事業場の過半数労働組合（過半数労働組合が存在しない場合は従業員代表）に対して意見聴取し、その意見書を添付して、所轄の労働基準監督署に届け出る必要があります。労働基準監督署への届け出は、事業場ごとに行うのが原則ですが、一定の要件を満たす場合には、本社を管轄する労働基準監督署に一括して届け出ることも可能です（厚生労働省のパンフレット：https://www.mhlw.go.jp/new-info/kobetu/roudou/gyousei/kantoku/130419-1.html）。

　就業規則の作成や、意見聴取、労働基準監督署への届け出を怠った場合には、会社は、労働基準監督署から是正勧告等を受ける可能性があるほか、法的には、会社やその代表者等は刑罰に処せられる可能性もあり

ます。見落としがちな点として、例えば、「就業規則」という名称の規程のみ意見聴取や届け出を行っており、その他の付属規程（例えば、退職金規程等）については意見聴取や届け出を行っていない会社も見られるため、注意が必要です。

③ 就業規則の周知

　就業規則に定める労働条件が、従業員との間の労働条件となるためには、就業規則の周知が必要です。また、労基法上は、①常時各作業場の見やすい場所への掲示または備え付け、②書面による交付、③電子的データとして記録した上で、各作業場に労働者がその記録の内容を常時確認できるパソコン等を設置、のいずれかの方法で周知する必要があるとされています。

労基法や就業規則、労働契約、労働協約に定められている内容は、どれが優先的に適用されるか

　労働者の労働条件等を規律する代表的なものとしては、労基法等の法令のほか、就業規則、労働協約、労働契約がありますが、これらの優先関係等については、労基法や労組法においてそれぞれ定められています。

1　労基法と就業規則・労働協約・労働契約の関係

　労基法で定める基準に達しない労働条件を定める労働契約は、当該部分について無効となり、無効となった部分は、同法で定める基準によることとなります。労働契約だけでなく、就業規則、労働協約についても同様で、労基法の基準を下回る定めは無効となり、同法で定める基準によることとなります。

　つまり、ここでは、「労基法＞労働契約、就業規則、労働協約」という関係にあります。

2　就業規則と法令・労働協約の関係

　就業規則は、法令や労働協約に反してはならず、労働基準監督署は、法令や労働協約に抵触する就業規則について変更を命じることができるとされています。ここでいう「法令」とは、法律や政令・府省令だけでなく、地方公共団体における条例・規則も含め、強行法規（法令の規定のうち、当事者の意思や合意にかかわりなく、強制的に適用される規定）を指すと考えられており、労基法や最低賃金法等がこれに該当します。

　また、労組法16条は、労働協約に定める基準は、労使合意でそれを下回ることだけでなく、上回ることも許さないとしており、労働協約を上回る基準を定める就業規則の条項も、労働協約自体がそのような取り扱

いを認めていない限り、無効になると考えられます。

なお、労基法 92 条における「労働協約」の解釈ですが、就業規則が反してはならないのは、労働協約の中でも「労働条件その他の労働者の待遇に関する基準」（賃金、労働時間、休憩、休日、休暇、懲戒、配転、出向等について定めた、いわゆる規範的部分）に限られるとしており、労働組合と使用者との関係を巡るルールを定めた部分（解雇協議条項や組合活動条項等、いわゆる債務的部分）はこれに当たらないとされています。

よって、就業規則と法令・労働協約を比較すると、「法令・労働協約（規範的部分）＞就業規則」という関係となります。

③ 就業規則と労働契約の関係

就業規則に定める基準に達しない労働条件を定める労働契約は、その部分については無効となり、無効となった部分は就業規則で定める基準によることとなります。このように、就業規則は、労働条件の最低基準となり、これを最低基準効と呼びます。

他方、就業規則で定める基準より有利な労働契約を締結した場合は、法令と労働協約に反しない限り、労働契約が優先します。

これらをまとめると、「就業規則より有利な労働契約＞就業規則＞就業規則より不利な労働契約」となります。

以上をまとめますと、労基法・就業規則・労働契約・労働協約の優先関係は、「労基法（強行法規の法令）＞労働協約（規範的部分）＞就業規則より有利な労働契約＞就業規則＞就業規則より不利な労働契約」となり、就業規則を作成・変更したり、個別合意で労働条件を設定したりする際等には、これらの関係を踏まえることが必要です。

就業規則の変更により、従業員の不利になる内容に労働条件を変更する際の留意点とは

1 就業規則の変更による労働条件の不利益変更

　労働条件を従業員にとって不利になる内容に変更する（以下、不利益変更）方法は、①個別の労働契約の変更、②就業規則の変更、③労働協約による変更の3種類があります。ここでは、一番よく使われる②就業規則の変更による不利益変更の留意点を見ていきましょう。就業規則の変更により、労働条件を不利益に変更するには、原則として、労働者との合意が必要です。労働者の合意を得ずに、労働者の不利益に労働条件を変更することも一定の場合には可能ですが、そのためには、以下の要件をいずれも満たす必要があります。

> ①就業規則の変更が、ⅰ）労働者の受ける不利益の程度、ⅱ）労働条件の変更の必要性、ⅲ）変更後の就業規則の内容の相当性、ⅳ）労働組合等との交渉の状況、ⅴ）その他の就業規則の変更に係る事情に照らして合理的なものであること
> ②変更後の就業規則の労働者への周知
> ③労働契約において、就業規則の変更によっては変更されない労働条件として合意していないこと

2 不利益変更の有効性に関する裁判例の傾向

　労働者の合意を得ずに、就業規則の変更により行われる不利益変更は、上記①ⅰ）〜ⅴ）の要素に照らして合理的と認められる場合に限り有効とされます。そもそも、ある労働条件の変更が、労働条件の不利益変更に該当するかについては、裁判所はその該当性を広く肯定する傾向にある上、特に、賃金、退職金等、労働者にとって重要な権利、労働条件に

関し実質的な不利益を及ぼす就業規則の作成または変更については、そのような不利益を労働者に法的に受忍させることを許容するだけの「高度の必要性」に基づいた合理性を必要とするなど、変更の有効性を厳しく判断する傾向にあるため、注意が必要です。

　また、裁判所は、個別合意を得て行う就業規則の変更に関しても、特に賃金や退職金に関する変更については慎重な態度を取っており、書面等により明示的に同意を得た場合であっても、不利益の内容・程度や、事前の情報提供・説明の内容等によっては、変更の効力が否定され得るとしている点に留意が必要です。

〈山梨県民信用組合事件の判旨〉

　使用者が提示した労働条件の変更が賃金や退職金に関するものである場合には、当該変更を受け入れる旨の労働者の行為があるとしても、労働者が使用者に使用されてその指揮命令に服すべき立場に置かれており、自らの意思決定の基礎となる情報を収集する能力にも限界があることに照らせば、当該行為をもって直ちに労働者の同意があったものとみるのは相当でなく、当該変更に対する労働者の同意の有無についての判断は慎重にされるべきである。そうすると、就業規則に定められた賃金や退職金に関する労働条件の変更に対する労働者の同意の有無については、当該変更を受け入れる旨の労働者の行為の有無だけでなく、当該変更により労働者にもたらされる不利益の内容及び程度、労働者により当該行為がされるに至った経緯及びその態様、当該行為に先立つ労働者への情報提供又は説明の内容等に照らして、当該行為が労働者の自由な意思に基づいてされたものと認めるに足りる合理的な理由が客観的に存在するか否かという観点からも、判断されるべきものと解するのが相当である。

　労働条件の不利益変更は、無効リスク・紛争化リスクを伴うだけでなく、労働者の就労や生活、モチベーション等にも影響を与える大事な問

題です。そのため、個別の同意を得ずに変更を行う場合は、不利益変更を必要とする理由や必要性、不利益変更の内容・程度に応じて、経過措置や代償措置等を十分に検討し、また、労働組合等とも交渉を重ねるなどして慎重に進める必要があります。個別に同意を得る場合も、事前にしっかりと説明した上で、その説明内容等に関する証拠（説明書面等）を残しておくことが重要です。いずれの方法をとる場合であっても、できれば、事前に弁護士等の専門家に相談したほうがよいと考えます。

労使協定にはどのような種類があるか。
また、労働基準監督署への届け出は必要か

1 労使協定

　「労使協定」とは、企業内の事業場単位で、使用者と、当該事業場における過半数労働組合（過半数労働組合がない場合は従業員代表）との間で結ばれる書面協定のことをいいます。

　労働関連法令においては、制度の導入に労使協定の締結やその届け出が必要となるものが数多くあります。労基法上の労使協定の種類と所轄の労働基準監督署への届け出の要否をまとめると、次のとおりです。

✓ 労基法上の労使協定の種類と届け出の要否

種類	届け出の要否	根拠条項
社内預金等の貯蓄金管理制度	要	18条2項
賃金控除	不要	24条1項ただし書き
1カ月単位の変形労働時間制（労使協定の締結により導入する場合）	要	32条の2第1項・2項
フレックスタイム制（清算期間が1カ月以内）	不要	32条の3第1項・4項ただし書き
フレックスタイム制（清算期間が1カ月超3カ月以内）	要	32条の3第1項・4項
1年単位の変形労働時間制	要	32条の4第1項・4項
1週間単位の非定型的変形労働時間制	要	32条の5第1項・3項
一斉休憩の適用除外	不要	34条2項ただし書き
時間外・休日労働	要	36条

割増賃金の支払いに代わる代替休暇	不要	37条3項
事業場外労働の労働時間の算定	労使協定に定める時間が法定労働時間を超える場合は要	38条の2第2項・3項
専門業務型裁量労働制の労働時間の算定	要	38条の3第2項
時間単位の年次有給休暇	不要	39条4項
年次有給休暇の計画的付与	不要	39条6項
年次有給休暇の賃金の支払い方法	不要	39条9項ただし書き

　なお、テレワークの定着や生産性の向上の観点等から、行政官庁に提出する届け出等について、2021年4月から押印等を廃止する省令等が公布されました。もっとも、押印等が不要とされるのは、行政に届け出る協定届についてであり、労使協定を締結する際にも押印等が不要となるものではないことなどについては留意が必要です。

2 労使協定の締結単位

　労使協定は、会社ごとではなく、「事業場ごと」に締結する必要があります。一つの事業場であるか否かは、主として「場所的観念」（同一の場所か、離れた場所か）によって決定すべきであり、同一の場所にあるものは原則として一つの事業場とし、場所的に分散しているものは原則として別個の事業場とすることとされています。例外としては、"場所的に分散しているものであっても規模が著しく小さく、組織的な関連や事務能力等を勘案して一つの事業場という程度の独立性がないもの"は、直近上位の機構と一括して一つの事業場として取り扱うとされています。また、工場の診療所や食堂など、たとえ同一の場所にあっても、著しく

労働の態様を異にする部門がある場合には、その部門を主たる部門と切り離して別個の事業場として捉えることによって労基法等がより適切に運用できる場合には、その部門は別個の事業場として捉えることとされています。

　特に時間外・休日労働以外の労使協定について、事業場ごとではなく、会社全体で１通のみ労使協定を締結している会社も見られますが、その場合、法的には、締結した労使協定が無効とされたり、一部の事業場において未締結であると評価されたりする可能性があります。そのため、労使協定の締結単位を誤らないように注意が必要です。

　なお、時間外・休日労働に係る労使協定については、締結自体は事業場ごとに行う必要がありますが、届け出については、一定の要件を満たす場合に、本社を管轄する労働基準監督署へ一括して行うことが可能です（45ページの厚生労働省のパンフレット参照）。

労使協定と労働協約はどう違うか

　「労使協定」は、事業場単位で、その事業場の労働者の過半数を組織する労働組合（過半数労働組合がない場合は、当該事業場の労働者の過半数を代表する従業員代表）と使用者の間で締結される書面による協定です。最もなじみのある労使協定は、いわゆる36協定でしょう。労基法上、使用者は、原則として、1日8時間・週40時間を超えて労働を行わせてはならず、1日8時間・週40時間を超えて労働を行わせることは違法となりますが、36協定を締結（＋届け出）した場合には、1日8時間・週40時間を超えて労働を行わせることができるとされています。このように、労使協定が持つ、労基法等の違反状態を解除する効力のことを「免罰的効力」と呼びます。

　他方、「労働協約」とは、労働組合と使用者との間で合意した労働条件や労使間のルールを書面化し、両当事者が署名または記名押印したものです。例えば、「覚書」といった表題のものや、表題のないもの、団体交渉議事録であっても、労組法14条に定める要件を満たす書面は、労働協約に該当することになります。

✓ 労使協定と労働協約の違い

区分	労使協定	労働協約
位置づけ等	労基法等で禁止されている事項を例外的に免れさせる効力を持つ（特定の労働条件を導入するために必要）	労働組合と使用者との間で合意した労働条件や労使間のルール
労働者側当事者	過半数労働組合（従業員代表）	労働組合（過半数労働組合だけでなく、少数組合が当事者となることも可能）
締結対象事項	法定のものに限られる	限定なし

締結単位	事業場ごと	限定なし
様式	書面	書面
労働基準監督署への届け出の要否	必要なものと不要なものと両方ある（52ページ参照）	不要
効力の及ぶ範囲	当該事業場の労働者	労働協約を締結した労働組合の組合員（ただし、4分の3以上の労働者が組織する労働組合が締結した労働協約は、その組合員以外にも適用される。同種の労働者に該当しない者や、他の労働組合の組合員は除く〔労組法17条〕）
免罰的効力	あり。ただし、一部の制度（例：時間外・休日労働に係る36協定）については、協定の締結に加えて労働基準監督署への届け出が必要	なし
民事上の効力	原則としてなし。民事上の義務を発生させるためには、労働協約や就業規則等の根拠が別途必要	あり。労働条件や待遇に関する基準については、就業規則や労働協約に優先する効力が生じる（労組法16条）
期間制限	なし。ただし、通達で望ましい有効期間が定められているケースがある	最長3年（労組法15条）
法定解約	法令上、法定解約権の定めなし	期間の定めのないものは、労使双方、署名等した文書による90日前までの予告で解約可能（労組法15条3項・4項）

　書面の名称にとらわれ過ぎないようにし、内容によっては、過半数労働組合との労働協約が労使協定としての意味を持つことがあること（この場合、例えば、労使協定としての意味があっても、最長3年の期間制限に服したり、期間の定めがないものは、90日前予告で解約できたりすること）などについても理解しておく必要があります。

従業員代表はどのように選出すればよいか

1 従業員代表の意義

　「従業員代表」（過半数代表）は、例えば、36協定等の労使協定を締結する場合や、就業規則の作成・変更に当たっての意見聴取・派遣法上の事業所単位の期間制限の延長に当たっての意見聴取をする場合、労使委員会の労働者側委員の指名を行う場合等、さまざまな場面で、事業場において労働者の過半数で組織する労働組合が存在しない場合に、選出が必要となります。

　このように、労基法等が従業員代表にさまざまな役割を与えているのは、労働条件の決定や職場環境の整備等に、その事業場における労働者多数の意見を反映させるためであると考えられています。

2 具体的な選出方法

　従業員代表は、

①管理監督者でないこと

②投票、挙手など、法に規定する協定等をする者を選出することを明らかにして行われる手続きにより選出された者であること

のいずれの要件も満たす必要があります。また、従業員代表は、事業場ごとに選出する必要があります。

　適切・不適切な選出方法の例は、次のとおりです。

〈適切な選出方法の例〉

①候補者を決めておいて、投票や挙手によって信任を求め、過半数の支持があった場合に従業員代表として選出する

②朝礼、集会などにおいて挙手を行い、過半数の労働者の支持を得た者を従業員代表として選出する

〈不適切な選出方法の例〉

①使用者が、従業員代表を一方的に指名する

②親睦会の代表者が、自動的に従業員代表を務める

③現従業員代表が、後任の従業員代表を指名する

　例えば、ある候補者について、当該事業場の労働者から信任の可否に関する意思を表明してもらうに当たり、「〇日までに異議を申し出なければ、賛成したものとみなします」という方法での選出は適切ではないとの考えもあり、賛成をする場合にはその意思を積極的に表明してもらう形で、賛成が過半数を超えているかどうかを確認するのが適切です。

　また、従業員代表の選出に当たっては、候補者を従業員代表として信任するかしないか判断する機会を、その事業場における「すべての労働者」に与える必要があります。したがって、例えば、その事業場における正社員のうち、非管理監督者のみで信任投票を行い、パート等の正社員以外の従業員や、管理監督者に投票の機会を与えないというのは、不適切な選出方法となります。

　仮に、従業員代表の選出方法に不備があった場合は、その従業員代表が締結した労使協定が無効とされ、未払賃金の問題に発展するなど（例えば、専門業務型裁量労働制の導入のために必要な労使協定が無効とされた場合等）、さまざまな法的問題が生じる可能性もあるため、従業員代表の選出が適切に行われているかどうかは十分に確認・注意する必要があります（厚生労働省のパンフレット：https://www.mhlw.go.jp/new-info/kobetu/roudou/gyousei/dl/36kyotei.pdf）。

Q 「同一労働同一賃金の問題」とは

1 「同一労働同一賃金」とは

　パート有期法上、「短時間労働者」や「有期雇用労働者」（いわゆる非正規労働者）の待遇について、「通常の労働者」（いわゆる正規労働者）との間で、①職務の内容（業務の内容および当該業務に伴う責任の程度）、②職務の内容および配置の変更の範囲、③その他の事情のうち、当該待遇の性質および当該待遇を行う目的に照らして適切と認められるものを考慮して、不合理と認められる相違を設けることは禁止されています（均衡待遇規定）。

　また、通常の労働者と職務の内容が同じであって、しかも、雇用関係が終了するまでの全期間において人材の活用の仕組みが通常の労働者と同一であると見込まれる者については、短時間労働者や有期雇用労働者であることを理由とした差別的取り扱いが禁止されています（均等待遇規定）。

　さらに、一定の福利厚生施設（給食施設、休憩室、更衣室）については、通常の労働者に対して利用の機会を与えているのであれば、短時間・有期雇用労働者に対しても利用の機会を与えなければなりません。

　こういった正規労働者と非正規労働者の待遇差の問題を総称して、一般に、「同一労働同一賃金の問題」などと呼んでいますが、基本給、賞与、各種手当といった「賃金」だけでなく、賃金以外の一切の処遇（例えば、各種休暇、教育訓練、福利厚生等）についても待遇差が問題となる点には留意が必要です。

　もし、これらの規制に抵触している場合、会社は、労働基準監督署から是正勧告等を受けたり、労働者から損害賠償等の請求を受けたりする可能性があります。また、短時間労働者や有期雇用労働者を雇い入れた際や、これらの労働者から求めがあった場合は、会社は、待遇の内容等

の一定の事項を説明する義務があります。

　そのため、非正規労働者を現に雇用している会社や、今後雇い入れる予定がある会社においては、これらの規制に照らし、非正規労働者の処遇に問題がないか確認・検討する必要があります。裁判所の判断を拘束するものではありませんが、厚生労働省から「同一労働同一賃金ガイドライン」が出されており、正社員と非正規雇用労働者との間で待遇差が存在する場合に、いかなる待遇差が不合理なものなのかなどについて、原則となる考えと具体例が示されており、参考になります。

　なお、派遣労働者に関しては、派遣法に基づいて、派遣労働者と派遣先の通常の労働者との間での均衡・均等待遇が求められ、派遣元と派遣先について、それぞれ一定の義務が定められている点にも留意が必要です。

② 中小企業における適用

　中小企業について、パート有期法の適用が開始されるのは2021年4月1日ですが、3月31日までは、無期雇用労働者と有期雇用労働者の不合理な労働条件の禁止を定める労契法20条や、フルタイム労働者とパートタイム労働者の不合理な待遇の相違を禁止するパートタイム労働法8条が引き続き適用されます。そのため、中小企業においても、不合理な待遇差等の是正に向けた対応が必要となります。

③ 裁判例

　同一労働同一賃金の問題に関しては、次ページの表に挙げた最高裁判決を含め、これまでに多くの裁判例が出ており、今後も多くの裁判例が出てくると考えられます。

　もっとも、裁判例における判断は、あくまで、その裁判の当事者となった会社における制度や労働者の職務内容等の実態を踏まえてのものであり、同じ（似た）名称の手当や制度であっても、同じ判断がなされると

は限らず、異なる結論が導かれる可能性がある点には留意する必要があります。

✓ 同一労働同一賃金に関する最高裁判決

事件名等	争われた待遇の種類	不合理性判断
ハマキョウレックス事件 （最高裁二小　平30.6.1 判決）	無事故手当、作業手当、給食手当、皆勤手当、通勤手当	不合理
	住宅手当	不合理でない
長澤運輸事件 （最高裁二小　平30.6.1 判決）	精勤手当、時間外手当	不合理
	職務給、住宅手当、家族手当、役付手当、賞与	不合理でない
大阪医科薬科大学事件 （最高裁三小　令2.10.13 判決）	賞与、私傷病欠勤中の賃金保障	不合理でない
メトロコマース事件 （最高裁三小　令2.10.13 判決）	退職金	不合理でない
日本郵便（佐賀）事件 （最高裁一小　令2.10.15 判決） 日本郵便（大阪）事件 （最高裁一小　令2.10.15 判決） 日本郵便（東京）事件 （最高裁一小　令2.10.15 判決）	夏期冬期休暇（佐賀）、年末年始勤務手当（大阪）、有給の病気休暇（東京）、年始期間の祝日給（大阪）、扶養手当（大阪）	不合理

労働者の同意を得れば、①労働者が会社に損害を及ぼした場合の賠償額をあらかじめ合意することや、②留学後一定期間内に退職する場合には、会社が負担した留学費用を返還する旨の合意をすることは問題ないか

1 賠償予定の禁止

　労基法16条は、使用者が、労働者の債務不履行や不法行為に備えて、あらかじめ違約金等を定めることを禁止しています。違約金等の定めにより、労働者の退職の自由が制約され、労働者の意思に反して労働を強制されることを防ぐ趣旨です。

　例えば、労働契約書において、「就業規則に定める服務規律違反があった場合、労働者は、会社に対し、5万円を支払う」といった定めをすることは、労働者の同意を得ていても、また、定められている賠償額が幾らであるかも関係なしに、労基法16条に違反し、無効となります。

　もっとも、このような定めが無効になったとしても、使用者は、債務不履行や不法行為を行った労働者に対し、民法にのっとり、実際に生じた損害の賠償を請求することは可能です。ただし、この場合、使用者が請求できるのは、「損害の公平な分担」という見地から、社会通念上相当と認められる範囲に制限されます。

2 留学費用の返還合意に関する問題

　会社の費用負担での留学について、留学後一定期間内に退職した場合には留学費用を返還させる合意をすることについても、労基法16条との関係で、その有効性が問題となります。裁判例では、次の表のとおり、その留学が業務性を有しているかによって、判断が分かれる傾向にあります。

✓ 留学費用の返還合意が労基法16条違反となった例、ならなかった例

返還合意 否定例	留学が業務性を有する場合には、その費用は業務遂行のための費用であるから使用者において負担すべきであり、労働者に返還を求めることは違約金等に該当するとして労基法16条に違反すると判断した裁判例 （富士重工事件　東京地裁　平10.3.17判決等）
返還合意 肯定例	留学が本人の自由意思によるもので業務性が薄く、一定期間経過後は返還を免除する特約付きの金銭消費貸借契約が別途成立しており、労働契約の不履行により返還義務が生じるものではないとして、労基法16条に違反しないと判断した裁判例 （長谷工コーポレーション事件　東京地裁　平9.5.26判決等）

　業務性の有無については、①留学参加の自発性ないし任意性、②留学先決定の自由選択性、③留学先での研修内容の業務との関連性、④留学経験の労働者個人にとっての利益性（社会的汎用性）などの留学に係る経緯、内容等に照らして検討されると考えられます。

　そのため、返還合意が有効とされる可能性を高めるためには、合意をする前に、業務性の有無について事前に慎重に検討するとともに、契約の形式としても、金銭消費貸借契約と一定期間が経過した場合の返還免除特約の形を取り、その旨を労働者に明確に説明することや、期間設定を合理的な範囲に留めることなども検討したほうがよいと考えます。

有期雇用者に関して適用される無期転換ルールとは

1 無期転換ルール

　有期労働契約を更新して契約期間が通算5年を超えた有期雇用者（契約社員、アルバイト等）が、その契約期間中は、会社に対して無期転換の申し込みをすると、その有期契約期間満了日の翌日から、その労働契約は期限の定めがなくなり、無期労働契約となります。

　もっとも、無期転換ルールが適用されない、あるいは、特例が定められているケースもあります。その概要は以下のとおりです。

✓ 無期転換の申し込みルール

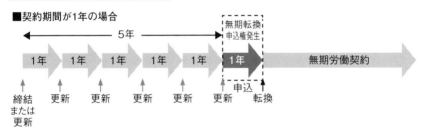

■契約期間が1年の場合

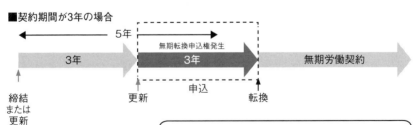

■契約期間が3年の場合

※2013年4月1日以降に開始する
　有期労働契約が通算の対象

2013年4月から1年ごとに更新されている有期社員は、2018年4月から無期転換申込権が発生する

資料出所：厚生労働省「無期転換ルールハンドブック」

[1] クーリング期間

　複数の有期労働契約の間に、一定期間以上、契約がない「クーリング期間」があると、そのクーリング期間より前の有期労働契約期間は、5年の通算対象になりません。例えば、クーリング期間以前の通算契約期間が1年以上の場合は、6カ月以上のクーリング期間があると、そのクーリング期間以前の契約期間は通算契約期間に算入されないこととなります。

[2] 一部の労働者についての特例

①定年後引き続き雇用される有期雇用者や、5年を超える一定の期間内に完了することが予定される業務に従事する高収入かつ高度な専門的知識等を有する有期雇用者については、使用者が都道府県労働局長の認定を受けることで、所定の期間、無期転換申込権が発生しません。

②大学等や研究開発法人における有期労働契約の研究者、教員等に関しては、無期転換申込権が発生するまでの期間が5年ではなく「10年」とされています。

2　会社に求められる対応

　有期雇用者を雇用している会社は、無期転換ルールの存在を前提に、自社の有期雇用者の実態（更新回数、勤続年数、人数、担当業務等）を整理した上で、無期転換した者をどのような社員として位置づけるのかについて検討する必要があります。

　無期転換後の労働条件については、別段の定めのない限り、契約期間の有無以外は、それまでの労働条件と同一であるとされているため、自社の就業規則の規定状況等を踏まえ、無期転換者にはどの就業規則が適用されることになるのか、無期転換者用の就業規則を別途作成する必要がないのかといったことも確認・検討する必要があります。

　また、そもそも無期転換ルールが適用されないように、有期雇用者については更新回数上限等をあらかじめ設けることも考えられますが、雇

用継続の合理的な期待等が既に発生している有期雇用労働者について
は、労契法 19 条により雇止めが制限される可能性がある点等に留意し、
対応を検討する必要があります。

労働時間

Q 「労働時間」とは何か

1 賃金支払いの対象となる労働時間

　手待時間や移動時間等が労働時間と評価されるかどうかは、会社の賃金・割増賃金支払義務の有無、労働時間把握の義務を履行したといえるかどうか、労働時間の上限規制を遵守できているかどうかなど、多くの論点に関わる問題です。特に、労働基準監督署から是正勧告を受けた場合等には、2〜5年分（法改正があったため、未払賃金の消滅時効は請求権の発生時期によって異なります）の未払賃金をさかのぼって支払うこととなり、会社にとって想定外の出費が発生します。こういった想定外の影響を防止する意味でも、社内で労働時間ではないとされる時間について、本当にその扱いで問題がないか改めて検証されることを推奨します。

　労基法における労働時間は、「労働者が使用者の指揮命令下に置かれている時間」をいうとされています。そして、「労働者が使用者の指揮命令下に置かれている」かは、客観的に判断されるものであり、就業規則等で労働時間として扱わない旨の規定をしたとしても、労働時間性を否定できるものではありません。

　また、労働者が自主的に残業を行い、会社がこれを黙認した場合にも、労働者の残業が「使用者の指揮命令下にある」と評価される可能性もあり、労働時間となるかを判断する際には、就業規則等の定めのほか、労働者の勤務実態にも注意する必要があります。

2 所定労働時間と法定労働時間

　混同しやすい概念に、所定労働時間と法定労働時間があります。

　所定労働時間は、始業時刻から終業時刻までの所定就業時間から休憩時間を差し引いた時間のことであり、就業規則や労働条件通知書等で示

される労働時間です。所定労働時間であっても、遅刻や早退によって労務提供が行われなければ労働時間ではなく、当日の遅刻時間分を居残りさせることは残業になりません。

　法定労働時間は、労基法で定められた1日または1週間の最長労働時間であり、原則として1日8時間、週40時間とされています。

　就業規則等で法定労働時間とは異なる所定労働時間が定められている場合（例えば、1日7時間、週35時間）、労働者が所定労働時間を超えた残業を行ったとしても、それが法定労働時間を超えた労働であるとは限らず、割増賃金の支払義務の有無は労働契約や就業規則の定めによることとなります。

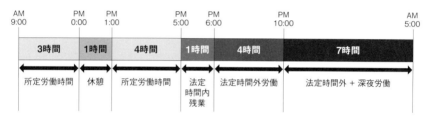

③ 1カ月平均所定労働時間

　後述（155ページ）のとおり、労働者が時間外労働等に従事した場合、会社は、「通常の労働時間の賃金額」に一定の割合を乗じた割増賃金を支払う必要があります。

　労基法施行規則は、「通常の労働時間の賃金額」の計算方法を定めており、月給制の場合は、"その金額を月における所定労働時間数（月によって所定労働時間数が異なる場合には、1年間における1カ月平均所定労働時間数）で除した金額"とされています。

　原則として、所定労働時間は1週間につき40時間以内とする必要があるため、その場合の1カ月平均所定労働時間数は173.8時間が上限となります。例えば、1カ月平均所定労働時間を200時間と設定して割増賃金を計算している会社は、改善が必要です。

始業・終業に近接する時間のうち、どのような時間が労働時間となるか

　ある時間が労働時間と扱われるか、また、会社が当該時間をどう扱っているかについて、労働基準監督署による行政調査等が行われる場合、会社の取り扱いが適切であって是正勧告等を受けないとしても、資料収集・書類作成、監督官の事情聴取への対応等が必要となり、人事部等の対応部署の大きな負担となり得ます。普段から労働時間に関する規定や実態を把握するとともに、会社の労働時間の取り扱いやその合理性を労働者に分かりやすく示しておくことが重要です。

　68ページのとおり、労基法における労働時間は、「労働者が使用者の指揮命令下に置かれている時間」とされています。次の表は、始業または終業に近接して事業場内で行われる活動のうち、労働時間性が問題となり得る時間・行動の類型と、労働時間性を判断する際の考慮要素の例です。労働時間性の検証時に着目すべき事情の目安としてご活用ください。

✓ 労働時間性が認められるかどうか（始業前後）

類型	労働時間性判断の際の考慮要素
早朝出勤後、始業時刻までの時間	■労働時間性が肯定されやすい事情 ・早出残業がやむを得ないと考えられるほどの業務量がある ・残業の場合と同様に、早出残業について上長の許可を得ている ■労働時間性が否定されやすい事情 ・通勤時の交通事情等から、遅刻しないよう労働者が自主的に早朝出勤している ・労働者の生活パターン等から早く起き、自宅でやることがなく早朝出勤している ・出勤後、始業時刻までの活動は、新聞を読むなど業務外のことのみである ・会社が早出残業を原則禁止とし、無許可の早出残業には厳重に注意している

入門時刻から始業時刻までの時間	■ 入門した時刻から始業時刻（タイムカード打刻の時刻、出勤簿捺印時刻等）までの間の時間は、一般的には労働時間ではないと考えられる ■ もっとも、入門時刻を就業規則で規定し、入門時刻への遅刻を制裁対象とする場合は、入門時刻が労働時間の起算点となると考えられる
制服・作業着への着替え	■ 労働時間性が肯定されやすい事情 ・法律や就業規則により制服・作業着の着用が義務づけられている ・着替えの指示に従わない場合に、人事考課等においてマイナスに評価される ・始業時刻までに着替えていなければならない ・制服等による出退勤が禁止 ・業務の性質上、制服等着用の必要性が高い ■ 労働時間性が否定されやすい事情 ・制服等の着用が義務ではない ・出退勤時の服装が自由
就業前点呼・機械の点検・整理整頓等	■ 労働時間性が肯定されやすい事情 ・就業規則上、実施が義務づけられている ・参加・実施しない場合に人事考課等に影響がある ■ 労働時間性が否定されやすい事情 ・機械の点検は別途実施されており、就業前の点検は労働者が自主的に行っている ・労働者同士が相談の上、自主的に行っている事前準備である
早朝会議・朝礼・掃除・体操等	■ 労働時間性が肯定されやすい事情 ・就業規則上、出席・参加が義務づけられている ・担当業務の割り振りなど業務遂行に必要な情報の伝達等が行われる ・出席等しない場合に人事考課等でマイナスに評価され、出席率が高い ■ 労働時間性が否定されやすい事情 ・あくまでもスムーズな業務引き継ぎの一環であり、業務遂行に必須ではない

	・出席等が任意で、出席等しない場合にも労働者に不利益がなく、出席率が低い ・労働者同士が相談の上、自主的に行っている事前準備である

✓ 労働時間性が認められるかどうか（終業前後）

類型	労働時間性判断の際の考慮要素
制服・作業着への着替え	■労働時間性が肯定されやすい事情 ・制服等での出退勤が禁止されている ■労働時間性が否定されやすい事情 ・着替えの要否について就業規則等で特段の規定がない ・有害物質の付着等、着替えなければ退勤できない特段の事情がない
終業後の掃除、納金等	■労働時間性が肯定されやすい事情 ・就業規則等で実施が義務づけられている ・業務の性質上、必要な行為である（タクシー業務における事務所での納金や洗車、飲食店における食器洗い等） ■労働時間性が否定されやすい事情 ・実施しない場合にも労働者に不利益がない
美容師等の個人的技能の必要な職種における、終業後（始業前）の自主練習	■労働時間性が肯定されやすい事情 ・練習時間に対応する賃金や手当が支給されている ・練習時間数が人事考課等の考慮要素となっている ■労働時間性が否定されやすい事情 ・練習をするかは労働者の任意であり、しない者も相当数いる ・練習中の私語等に特段の制限がない
入浴・洗身	作業後の入浴・洗身が就業規則上義務づけられている、入浴等をしなければ退勤が困難である等の事情のない限り、原則として入浴・洗身の時間は労働時間には該当しないとされている

就業時間中のうち、どのような時間が労働時間となるか

前ページに引き続き、次の表は、就業時間中に事業場内で行われる活動について労働時間性判断の際の考慮要素等の例をまとめたものです。

✓ 労働時間性が認められるどうか（手待時間、トイレ休憩等）

類型	労働時間性判断の際の考慮要素
作業間の手待時間	■労働時間性が肯定されやすい事情 ・顧客の来店や荷物の配送があった場合等に業務に戻れる状態を維持している ・本来的業務は行っていなくても付随的業務をこなしている ■労働時間性が否定されやすい事情 ・就業規則で休憩時間と規定され、実際にも同時間に労働しないよう指導している
マンション管理人等の手待時間	■労働時間性が肯定されやすい事情 ・休憩時間とされていても、住民・来訪者・荷物受け渡し等につき臨時対応している ■労働時間性が否定されやすい事情 ・緊急事態における対応を管理人以外の者に委ねる状況が整備されている ・所定労働時間が定められ、同時間内で業務を遂行すべきことが指導されている ・時間外の作業が監視・監督されていない
たばこ休憩・トイレ休憩	会社の指示があった場合に業務を行う必要性から解放されていないたばこ休憩・トイレ休憩は、労働時間であると評価されると考えられる なお、たばこ休憩・トイレ休憩が頻繁であり業務遂行に支障が生じる場合には、たばこ休憩を禁止することや、正当な理由のない頻繁な休憩を人事考課等でマイナスに考慮することなどの対応が考えられる

昼休憩時の電話・来客当番	昼休憩時間中であっても、電話・来客があった場合にこれに対応する必要があり、そのために待機する時間は、実際に電話・来客対応を行っていなくても労働時間に該当すると考えられる
宿直時の仮眠	■労働時間性が肯定されやすい事情 ・外出が禁止され、警報・電話等があれば対応することとされている ・実際に警報等への対応の実績がある ■労働時間性が否定されやすい事情 ・仮眠室が別途設置され、仮眠室には警報装置等がない
教育研修	■労働時間性が肯定されやすい事情 ・研修内容と業務との関連が密接である ・不参加による不利益や課題提出義務がある ・参加しない場合にその後の業務に支障が生じる ■労働時間性が否定されやすい事情 ・福利厚生的な意味合いで実施され、参加が任意である
健康診断	■労働時間性が肯定されやすい事情 ・特殊健康診断である ■労働時間性が否定されやすい事情 ・一般健康診断である ・労働者が医師を選択して受ける健康診断である ・長時間労働を行う労働者に対する面接指導である
安全衛生委員会・安全衛生教育	安全衛生教育は、労働者がその業務に従事する場合の労働災害の防止を図るため、事業者の責任において実施されなければならないものであり、安全衛生委員会や安全衛生教育の時間は、労働時間であると解される
ドライバーのフェリー乗船中の時間	航行中は車両が乗客と区別された車両甲板に置かれ、運転手も車両甲板への立ち入りは禁止されており、運転手がトラックを運転することはなく、運転手が航行中仮眠することも可能であったこと等から、下船準備のための10分間を除くフェリー航行中の時間は運転手にとっての休憩時間であると考えられる

事業場外で労働時間となるのはどのような時間か

1 事業場外での活動について

前ページに引き続き、事業場外で行われる活動について労働時間性判断の際の考慮要素等をまとめました。

✓ **労働時間性が認められるかどうか（事業場外での活動）**

類型	労働時間性判断の際の考慮要素
通勤時間・出張のための移動時間	所定労働時間外の移動は原則として労働時間ではなく、例えば、宿舎から労務提供場所まで会社の提供するバスに乗車して移動するような場合であっても、労働時間ではないと解されている。もっとも、使用者の明示または黙示の指示により、移動中に物品の監視等を行う場合や、移動途中に顧客・取引先等へ立ち寄る場合には、当該時間は労働時間と評価される
事務所立ち寄り後、現場までの移動時間	立ち寄った事務所において、車両への資材積み込みや打ち合わせなど、業務の一部を行っている場合や、事務所からは管理監督者が同行し、労働者が指揮命令下に入ったと評価される場合は、その後の現場までの移動時間については労働時間と評価されることとなる一方、事務所への立ち寄りが単なる集合時間であって、その場で点呼や打ち合わせなどがない場合は、労働時間と評価されないと考えられる
移動（外回り営業）	所定労働時間中に、取引先から取引先へ移動する時間については、通常、直ちに移動することが求められ、使用者の指揮命令からの解放が保障されていないため、労働時間と評価される
外回り営業以外で、移動中に書類作成等を行う場合	移動中の書類作成、メールチェック・返信等が使用者の指揮命令による場合は、労働時間と評価されると考えられる。なお、使用者の指揮命令は黙示の場合にも認められるため、移動時間中に書類作成等を行わざるを得ないスケジュールであることを使用者が認識している場合には、労働時間と認められやすいと考えられる

自宅待機 （呼出待機 時間）	■労働時間性が肯定されやすい事情 ・待機中も制服着用が義務づけられている ・緊急対応の頻度が高い ・外出・仮眠が禁止されている ・懲戒処分等の前置措置である ■労働時間性が否定されやすい事情 ・社用携帯電話を必携としているものの、緊急対応の頻度は低い ・外出制限の内容が「呼び出し時に出勤可能な距離にいる」という限度のもの
接待	■労働時間性が肯定されやすい事情 ・参加が業務命令による ・取引先の開店祝い、社長就任披露パーティーなど、儀礼的性格が強い ・取引先との打ち合わせの延長のように業務との関連性が強い ■労働時間性が否定されやすい事情 ・飲食・懇談等が主目的である ・自主的な開催による
社員旅行など会社行事	■労働時間性が肯定されやすい事情 ・参加が業務命令による ・参加しない場合に欠勤扱いとなる ■労働時間性が否定されやすい事情 ・社内の雰囲気から参加せざるを得ないと感じる程度で、参加を強制されない

② 事業場外みなし労働時間制について

　労基法上、①所定労働日に事業場外で業務に従事し、②労働時間を算定し難いときは、原則として所定労働時間労働したものとみなされます。原則として、労使協定の締結は必要ありません。

　外回りの多い営業職については、事業場外みなし労働時間制を適用することが多いと思われますが、行政通達によると、次のような場合は、

「労働時間を算定し難い」とは認められないとされ、事業場外みなし労働時間制は適用できません。

①何人かのグループで事業場外労働に従事する場合でそのメンバーの中に労働時間の管理をする者がいる場合
②無線やポケットベル等によって随時使用者の指示を受けながら事業場外で労働している場合
③事業場において、訪問先、帰社時刻等当日の業務の具体的指示を受けた後、事業場外で指示どおりに業務に従事し、その後事業場に戻る場合

　現代では、多くの営業社員はスマートフォンを携帯し、いつでも会社と連絡が取れる状況にあることが多いと考えられます。そのことだけで「労働時間を算定し難い」の要件充足性が否定されるわけではありませんが、実務上、事業場外みなし労働時間制の適用は限定的に解されることが多いことから、当該制度の適用の可否については慎重な検討が必要となります。

Q 労働基準監督署の是正勧告を受けやすい 労働時間の管理方法とは

1 使用者の労働時間管理義務について

労基法には、使用者に対して労働者の労働時間を把握する義務を明確に定めた規定はありません。もっとも、使用者は、労基法上、賃金台帳を調製する義務を負っており、賃金台帳の記入事項には労働時間数等が定められていることなどから、結局、使用者は労働者の労働時間を把握する義務を負うと解されています。

また、安衛法では、使用者は「労働時間の状況を把握しなければならない」とされ、労働者の健康の保持の目的から労働者の労働時間を把握しなければなりません。

これらを受けて厚生労働省は、使用者による労働時間の把握義務に関して、「労働時間の適正な把握のために使用者が講ずべき措置に関するガイドライン」を公表しています。同ガイドラインは、労働時間の適正な把握方法に関する行政としての解釈を示すものであり、使用者の労働時間の把握方法が同ガイドラインに沿わない場合、労働基準監督署の是正勧告や指導等を受ける可能性が出てきます。

2 労働時間の把握方法（ガイドラインの内容）

上記ガイドラインでは、使用者の労働時間把握の方法について、次のように規定しています。

✓ 労働時間の把握方法

原則	以下のいずれかの方法による。 ①使用者が、自ら現認することにより確認し、適正に記録する ②タイムカード、IC カード、パソコンの使用時間の記録等の客観的な記録を基礎として確認し、適正に記録する

例外	③自己申告制（自己申告制によらざるを得ない場合は、ガイドラインを踏まえ、以下の要件を満たす必要がある） (i)労働者に対して、労働時間の実態を正しく記録し、適正に自己申告を行うことなどについて十分な説明を行う (ii)実際に労働時間を管理する者に対して、自己申告制の適正な運用を含め、講ずべき措置について十分な説明を行う (iii)自己申告により把握した労働時間が実際の労働時間と合致しているか否かについて、必要に応じて実態調査を実施し、所要の労働時間を補正する (iv)自己申告した労働時間を超えて事業場内にいる時間について、その理由等を労働者に報告させる場合には、その報告が適正に行われているかについて確認する (v)自己申告制は、労働者による適正な申告を前提として成り立つものであるため、使用者は、労働者が自己申告できる時間外労働の時間数に上限を設け、上限を超える申告を認めない等、労働者による労働時間の適正な申告を阻害する措置を講じてはならない

③ 労働基準監督署の是正勧告、指導等を受けやすい 労働時間の管理方法について

　労働者の自己申告制によって労働者の労働時間を把握する場合は、上表(i)～(v)の要件を満たさなければなりません。このうち、特に(v)については、時間外労働の時間数が多いことそれ自体をもって人事考課等においてマイナスに評価するなど、事実上、時間外労働の申告を妨げるような制度設計を行っている場合にも、上記ガイドラインに反するものとして労働基準監督署の是正勧告や指導等の対象となり得ます。

　また、使用者は、労働時間を「適正に」把握することが必要です。実務上、1日の労働時間の記録を30分単位や10分単位として、端数を切り捨てる方法が見られますが、この方法は労働者に常に不利であるため、労働時間を「適正に」把握しているとは言い難く、こちらも労働基準監督署の是正勧告、指導等を受ける可能性があります（なお、例外として、

1カ月における時間外労働等の時間数に1時間未満の端数がある場合に、30分未満の端数を切り捨て、それ以上を1時間に切り上げることは、常に労働者に不利益となるものではないため、違法ではありません）。

　また、タイムカード、ICカード等の客観的な記録により労働時間を把握していたにもかかわらず、こういった客観的記録が労働者による未払残業代請求に利用されたことを契機として自己申告制に切り替えるなど、自己申告制による労働時間把握がやむを得ないとはいえない場合にも、ガイドラインに反するものとして、労働基準監督署の是正勧告、指導等を受ける可能性があります。

時間外労働の上限規制とは

1 従前の労働時間上限規制

　労基法上、労働時間は原則として1日8時間、1週間40時間が上限で、例外的に延長できるのが36協定を締結した場合とされています。

　かつては、36協定によって延長できる労働時間の上限については、法律ではなく告示によって定められていました。しかし、告示には、法的な強制力がなく、罰則もありませんでした。また、この告示では、「限度時間を超えて労働時間を延長しなければならない特別な事情（臨時的なものに限る）」がある場合には、例外的に限度時間をさらに延長できることとされ、事実上、このような特別条項がある場合には上限なく労働時間を延長することが可能であり、労働者の長時間労働の温床となっていました。

2 上限規制の法制化

　働き方改革関連法により、36協定による時間外労働の限度時間に関する定めは、法律上の規定へと格上げされ、原則として月45時間以内、年360時間以内との上限が労基法に明記されました。

　また、特別条項が定められた36協定により延長できる労働時間の上限についても、次の表のとおり労基法に明記されました。

✓36協定、特別条項付き36協定における時間外労働の上限時間

区分	1カ月の上限時間	1年間の上限時間
36協定	45時間以内 ※時間外労働時間のみ考慮	360時間以内 ※時間外労働時間のみ考慮
特別条項付き36協定	100時間未満 ※時間外労働時間＋休日労働時間 ※45時間を超えて延長できるのは年6カ月まで	720時間以内 ※時間外労働時間のみ考慮

さらに、特別条項の有無に関わらない実労働時間に関する規制についても、次のとおり、労基法に明記されました。例えば、ある月の時間外労働の時間が 45 時間で、36 協定の範囲内であるとしても、休日労働が 55 時間である場合、次の表の①に違反することとなるため、留意が必要となります。

✓ 時間外労働と休日労働の合計（実労働時間）についての規制

実労働時間に関する規制
①月 100 時間未満（※時間外労働時間＋休日労働時間） ②連続する直近の 2 ～ 6 カ月間の平均時間が月 80 時間以内（※時間外労働時間＋休日労働時間）

③ 上限規制の除外、適用猶予

なお、業務内容の特殊性から、労働時間の上限規制が除外・適用猶予されている業務や業種があります。「新たな技術、商品又は役務の研究開発に係る業務」（専門的、科学的な知識、技術を有する者が従事する新技術、新商品等の研究開発の業務）は、労働時間の上限規制が除外されるほか、次の業種については、全部または一部について適用が猶予されています。

✓ 時間外労働の上限規制の適用が猶予される業種と内容

業種	2024年3月31日まで	2024年4月1日以降
工作物の建設等の業務	上限規制は適用されない	原則：上限規制はすべて適用 例外：災害時の復旧および復興事業に限り、①②が適用 ①36 協定の上限：月 45 時間以内、年 360 時間以内 ②特別条項付き 36 協定の上限：年 720 時間以内

自動車の運転の業務	上限規制は適用されない	①②が適用 ① 36協定の上限：月45時間以内、年360時間以内 ②特別条項付き36協定の上限：年960時間以内 ※時間外労働が月45時間を超えることができるのは年6カ月までとする規制は適用されない
医業に従事する医師	上限規制は適用されない	当分の間、上限規制は厚生労働省令で定める
鹿児島県および沖縄県における砂糖を製造する事業	①②が適用 ① 36協定の上限：月45時間以内、年360時間以内 ②特別条項付き36協定の上限：年720時間以内	上限規制はすべて適用

　なお、中小事業主については、2020年3月31日まで上限規制の適用が猶予されていましたが、既に猶予期間は経過しているため、注意が必要です。

変形労働時間制、フレックスタイム制、事業場外みなし労働時間制とは何か

1 原則的な労働時間制

　労基法上、使用者は、原則として、労働者に1日について8時間、1週間について40時間を超えて労働をさせてはならず、毎週1回または4週間に4日以上の休日を与える必要があります。

　もっとも、使用者の業種や労働者の業務内容等によっては、時期によって繁忙度に差が生じる場合もあり得ます。このような場合、時期によって労働時間を適切に配分することは、ワーク・ライフ・バランスの実現や残業代の削減につながり、使用者・労働者双方に有益となります。また、出勤・退勤時刻を厳格に順守するより、個人の体調や生活様式に合わせて労働時間を定めるほうが、パフォーマンス向上につながることもあり得るほか、時差通勤が可能となり、新型コロナウイルス感染症の拡大防止等に資することにもなります。

　労基法は、原則的な労働時間制に加え、一定の要件の充足を前提として、複数の労働時間制を認めています。自社の業種や労働者の業務内容、就労実態に照らし、どのような労働時間制を適用すべきか検証することをお勧めします。

2 さまざまな労働時間制

　労基法上はさまざまな労働時間制が規定されていますが、次ページの表では、実務上、採用されることの多い労働時間制について、概要と導入時に必要となる手続きを紹介します。

✓ 労働時間制の概要

制度名・制度の概要	導入時の手続き・留意点等
1 カ月単位の変形労働時間制 1 カ月以内の期間を平均し、1 週間当たりの労働時間が法定労働時間の範囲内であれば、法定労働時間を超えて労働させることができる制度	労使協定の締結のほか、就業規則その他これに準ずるものにおいて、以下の事項を定めることで導入できる ①対象労働者の範囲 ②1 カ月以内の対象期間とその起算日 ③期間中の全労働日および労働日ごとの労働時間 ※労使協定による場合は労働基準監督署への届け出が必要となる ※変形期間中の総所定労働時間の上限は「1 週間の法定労働時間×変形期間の暦日数÷7 日」であり、当該月が 31 日なら 177 時間 8 分、30 日なら 171 時間 25 分 ※③は、期間中の全労働日の始業終業時刻を定めることが原則。例外として、月ごとの勤務シフトに基づく労働の場合には、就業規則で a. 各直勤務の始業終業時刻、b. 各直勤務の組み合わせの考え方、c. 勤務割表の作成手続きと d. その周知方法等を定め、それに従って対象期間の開始前までに特定することでも可
1 年単位の変形労働時間制 1 カ月を超え、1 年以内の期間を平均して、1 週間当たりの労働時間が法定労働時間の範囲内であれば、法定労働時間を超えて労働させることができる制度	①対象労働者の範囲、対象期間およびその起算日、全労働日および労働時間、特定期間、有効期間を定めた労使協定を締結し、労働基準監督署への届け出が必要 ②さらに、就業規則にも同様の規定が必要となる ※労使協定はあくまで、使用者が労基法上の原則的な労働時間規制を免れる効果しかないため、労使間での拘束力を持つためには、就業規則上の規定が必要となる ※全労働日および労働時間について、対象期間を 1 カ月以上の期間に小分けにして定めることもできる。その場合は、あらかじめ各区分の労働日数と総労働時間を定めておき、各期間が始まる 30 日前までに労働日と労働日ごとの労働時間を特定する

フレックスタイム制 一定の期間（清算期間）についてあらかじめ定めた総労働時間の範囲内で、各日の始業・終業時刻、労働時間を労働者が自ら決定できる制度	①就業規則において、一定の範囲の労働者について、始業・終業時刻の両方を各労働者の決定に委ねる旨を規定することが必要。また、労働者の労働時間という重要な労働条件に関する事項であるため、後記②の労使協定の内容を含め、必要な事項を規定することが必要となる ②対象労働者の範囲、清算期間とその起算日、清算期間における総労働時間、その他厚生労働省令で定める事項（標準となる1日の労働時間、コアタイムを定める場合はその時間帯の開始／終了の時刻等）を労使協定で定めることが必要 ※コアタイム・フレキシブルタイムを設ける場合、各時間帯について、就業規則／労使協定いずれにおいても規定が必要となる ※労使協定と就業規則とで、定める内容には差異がある ※労使協定は、清算期間が1カ月を超える場合は労働基準監督署への届け出が必要
事業場外みなし労働時間制 労働者が所定労働日に事業場外で業務に従事した場合において、労働時間の算定が困難なときに、所定労働時間（原則）労働したものとみなすことができる制度	就業規則の定めが必要 ※原則として労使協定の締結は不要。もっとも、事業場外における業務を遂行するために通常所定労働時間を超えて労働することが必要となる場合において、通常必要となる時間を定める場合は、労使協定を締結し、労働基準監督署への届け出が必要 ※適用要件等については89ページ参照

労働時間制ごとの残業時間（時間外労働の時間）の計算方法とは（その1）

1　1カ月単位の変形労働時間制の残業時間

　1カ月単位の変形労働時間制が適用される労働者の残業時間は、①1日ごと、②1週ごと、③変形期間（1カ月）ごとに順に算出します。

　①1日ごとの残業時間については、ⓐ所定労働時間が8時間を超える日についてはその所定労働時間を超えて労働した時間、ⓑ所定労働時間が8時間以内の日については8時間を超えて労働した時間をカウントします。

　次に、②1週ごとの残業時間については、ⓐ所定労働時間が週40時間を超える週についてはその所定労働時間を超えて労働した時間（①でカウントした時間は除く）、ⓑ所定労働時間が週40時間以内の週については週40時間を超えて労働した時間（①でカウントした時間は除く）をカウントします。

　③変形期間（1カ月）ごとの残業時間については、その月の暦日数に対応した法定労働時間（下表参照）を超えて労働した時間（①②でカウントした時間は除く）をカウントします。

　最後に、①〜③でカウントした時間を合計して残業時間数を算出します。

✓1カ月ごとの法定労働時間の計算

計算式： 暦日数×40 (or 44) ÷ 7	変形期間の 暦日数＝ 31日	変形期間の 暦日数＝ 30日	変形期間の 暦日数＝ 29日	変形期間の 暦日数＝ 28日
1週の法定労働時間が40時間の場合	177.14時間	171.42時間	165.71時間	160.00時間
1週の法定労働時間が44時間の場合（特例事業）	194.85時間	188.57時間	182.28時間	176.00時間

2 1年単位の変形労働時間制の残業時間

　1年単位の変形労働時間制が適用される労働者の残業時間については、基本的に前記❶と同じ方法で算出します。ただし、1カ月単位の変形労働時間制の場合と異なり、特例事業であっても、前記③の計算上、1週間当たりの労働時間は平均40時間とする必要があります。

3 フレックスタイム制の残業時間

　フレックスタイム制が適用される労働者については、清算期間における法定労働時間の上限枠（1週間の法定労働時間×清算期間の暦日数÷7）を超えて労働した時間が、残業時間となります。

　なお、1カ月を超える期間を清算期間とするフレックスタイム制を適用する場合には、上記に加えて、1カ月ごとの労働時間が週平均50時間を超えた労働時間についても残業時間として取り扱うこととされています。そのため、フレックスタイム制において1カ月を超える期間を清算期間とする場合、残業時間の計算は、以下の手順で行うこととなります。
①一定の清算期間における法定労働時間の総枠を計算する
②清算期間を1カ月ごとに区分して見たときに、週平均労働時間が50時間を超える月がある場合は、その超過時間を残業時間にカウントする
③清算期間終了後、法定労働時間の総枠を超えた時間を残業時間にカウントする（②でカウントした時間は除く）
④上記②と③でカウントした時間を合計して、残業時間数を算出する

労働時間制ごとの残業時間（時間外労働の時間）の計算方法とは（その2）

1 事業場外みなし労働時間制の残業時間（原則）

　事業場外みなし労働時間制が適用される労働者については、次のとおり、みなし時間の長さや内勤の態様に応じて労働時間を算定し、法定労働時間を超える時間が残業時間となります。

✓ 事業場外みなし労働時間制における労働時間の取り扱い（原則）

区分	労働時間の取り扱い
「所定労働時間≧事業場外での労働に通常必要とされる時間＋事業場内での労働時間」の場合（労基法38条の2第1項）	事業場外での労働時間と別途把握する事業場内での労働時間を合わせて所定労働時間労働したものとみなされる（事業場外での労働時間については、所定労働時間から別途把握する事業場内での労働時間を控除した時間となる）
「所定労働時間＜事業場外での労働に通常必要とされる時間＋事業場内での労働時間」の場合（労基法38条の2第1項ただし書き）	事業場外での労働については通常必要とされる時間でみなされ、別途把握する事業場内での労働時間を合わせた時間がその日の労働時間となる

［注］　「事業場外での労働に通常必要とされる時間」（以下、外勤の通常必要時間）については、労使協定に定めがある場合にはその時間が、通常必要とされる時間となる。

2 事業場外みなし労働時間制の残業時間（具体例）

前記の原則に従った労働時間の把握の例は、以下のとおりです。

✓ 事業場外みなし労働時間制における労働時間の取り扱い（具体例）

区分	労働時間の取り扱い（所定労働時間が8時間の場合）
労働時間の全部について事業場外で労働した場合	・外勤の通常必要時間が所定労働時間以内であれば、所定労働時間労働したものとみなす ・外勤の通常必要時間が所定労働時間を超えるとき（例えば9時間）は、通常必要時間を労働したもの（この場合は9時間）とみなす。この場合、残業は1時間となる
労働時間の一部について事業場外で労働した場合	（ア）内勤を行った後、外勤を行ってそのまま直帰する場合 　　（直行型で外勤を行い、その後内勤を行う場合についても考え方は同じ） 　・外勤の通常必要時間（例えば4時間）と内勤の時間（例えば3時間）を合計した時間（この場合7時間）が所定労働時間以内の場合、外勤と内勤と合わせて所定労働時間（この場合8時間）労働したものとみなされ、外勤の時間は所定労働時間から内勤の時間を差し引いた時間となる 　・外勤の通常必要時間（例えば5時間）と内勤の時間（例えば4時間）を合計した時間が所定労働時間を超える場合、外勤の通常必要時間労働したものとみなして、別途把握した内勤の時間を加えて、1日の労働時間を算出する（この場合9時間となる）。この場合、残業は1時間となる （イ）外勤と内勤が混在する場合 　・（ア）の場合と同じく、外勤の通常必要時間と内勤の時間を合計して所定労働時間以内か否かで考える 　・例えば、1日の中で複数回ある外勤の通常必要時間の合計と内勤の合計時間を合わせて所定労働時間以内であれば、外勤については内勤と合わせて所定労働時間（この場合8時間）労働したものとみなす 　・例えば、外勤の通常必要時間の合計が6時間、内勤の合計時間が3時間30分の場合、その合計時間は9時間30分となり、所定労働時間を超えるため、1日の労働時間は9時間30分となる。この場合、残業は1時間30分となる

その他の特殊な労働時間制には
どのようなものがあるか

1 裁量労働制（専門業務型、企画業務型）

　専門業務型裁量労働制とは、実労働時間にかかわらず労使協定で定めた時間を労働時間としてみなす制度です。業務の性質上、その遂行の方法を大幅に労働者の裁量に委ねる必要があるために、労働時間の算定が困難なものとして法令上定められた特定の業務に限って適用することができます。制度の導入に当たっては、適法に選出された従業員代表等との間で労使協定を締結し、労働基準監督署へ届け出を行う必要があります。対象となる業務は、①新商品もしくは新技術の研究開発または人文科学もしくは自然科学に関する研究の業務、②情報処理システムの分析または設計の業務、③新聞もしくは出版の事業における記事の取材もしくは編集の業務または放送番組の制作のための取材もしくは編集の業務、④衣服、室内装飾、工業製品、広告等の新たなデザインの考案の業務等です。

　企画業務型裁量労働制とは、事業の運営に関する事項についての企画、立案、調査および分析の業務で、その業務の遂行方法・時間配分等を労働者の裁量に任せる必要がある者を対象として、実労働時間にかかわらず、労使委員会が決議した時間を労働したものとみなす制度です。制度導入には、労使委員会の設置、同委員会での決議、労働基準監督署への届け出が必要となるほか、制度適用対象となる労働者の個別の同意を得ることが必要となります。

　これらの裁量労働制が適用される労働者についても、労基法上の労働時間、休憩、休日等に関する規制の対象となることから、時間外労働（みなし労働時間が法定労働時間を超える場合）や休日労働、深夜労働に関する割増賃金の支払いや、労働時間の把握を行わなければならないこと

には留意が必要です。

2 高度プロフェッショナル制度

　高度プロフェッショナル制度は、高度で専門的な能力を有し、職務の範囲が明確で一定の条件を満たす労働者について、労働時間、休憩、休日、深夜の割増賃金に関する規定を適用しないとする制度です。

　制度導入のためには、対象となる業務や労働者の範囲などの所定の決議事項について、労使委員会の5分の4以上の賛成をもって決議し、労働基準監督署に提出する必要があり、また、対象業務や求められる成果等を明らかにした上で、書面により対象労働者の個別の同意を得ることが必要となります。

　本制度の対象業務としては、資産運用会社における新興国企業の株式を中心とする商品の開発を行う業務や、ファンドマネージャー、トレーダー、コンサルティング会社における事業展開の戦略企画考案業務等が想定されますが、年収要件（現時点では1075万円以上）が課せられていることに注意が必要です。

3 1週間単位の非定型的変形労働時間制

　1週間単位の非定型的変形労働時間制とは、常時使用する労働者の人数が30人未満の小売業、旅館、料理店、飲食店の事業において、1週間の労働時間を40時間以内としつつ、1日10時間まで労働させることができる制度です。

　これは、日ごとの業務に著しい繁閑の差が生じることが多く、繁閑が定型的でない場合に、1週間を単位として、1日の労働時間を10時間まで延長することを認めることにより、労働時間の効率的な配分を実現する制度です。

　1週間単位の非定型的変形労働時間制が適用される場合の残業時間については、まず、1日ごとの残業時間について、@所定労働時間が8時

間を超える日についてはその所定労働時間を超えて労働した時間、ⓑ所定労働時間が8時間以内の日については8時間を超えて労働した時間をカウントします（①）。次に、1週ごとの残業時間について、対象期間（1週間）の労働時間が40時間を超える場合は、当該超過時間（①でカウントした時間は除く）をカウントします（②）。最後に①②の時間を合計し、その合計時間が残業時間となります。

4 勤務間インターバル制度

　勤務間インターバル制度は、前日の終業時刻から翌日の始業時刻までの間に一定時間の休息時間を確保する制度です。労働時間等設定改善法の改正により、同制度の導入は事業主の努力義務となりました。

　勤務間インターバル制度の導入は、時間外労働等改善助成金（勤務間インターバル導入コース）による助成対象ですが、当該助成金を得る条件として、最低9時間のインターバル時間を設けることが必要となります。

　なお、勤務間インターバル制度の規定方法について法令上の規律はなく、インターバル時間を確保することで始業時刻が遅れる場合の終業時刻の取り扱いや、終業時刻を変更しない場合の賃金の取り扱い、勤務間インターバル制度を適用できない時期や、その時期における勤務時間・代替措置等については、会社ごとの実態等に合わせて制度設計していくことが必要となります。

Q テレワーク等、新しい生活様式に対応する制度について

1 テレワーク（在宅勤務）制度

テレワークは、情報通信技術を用いて時間や場所を有効に活用できる新しい働き方であり、①在宅勤務、②サテライトオフィス勤務、③モバイル勤務等があります。

厚生労働省もテレワーク制度の導入を推奨し、導入する中小企業は助成金の対象となっていましたが、2020年には新型コロナウイルス感染症対策のためのテレワークコースについて別途の助成金制度が創設され、制度導入がより推奨されました。

テレワークは、労働者にとっては、仕事と生活の調和を図ることができ、育児・介護と仕事の両立の助けとなる点でもメリットがあり、また、使用者にとっても、賃借料等のオフィスコストの削減や、育児・介護等を理由とした労働者の離職防止、通勤によるウイルス感染への対策等のメリットがあります。他方で、テレワークでは労働者がオフィスで勤務するものではないことから生じるさまざまな問題があり、制度導入に当たっては多岐にわたる検討が必要となります。この点、厚生労働省は、テレワーク制度を導入するに当たってのガイドライン（情報通信技術を利用した事業場外勤務の適切な導入及び実施のためのガイドライン）を公表しています。制度導入時には、これも参考にするとよいでしょう。

✓ テレワーク導入に当たって検討すべき点

論点の例	説明
労働時間の管理（中抜け）	テレワークでは、私用のために労働者が業務から離れる、いわゆる「中抜け」の時間が生じやすくなるが、68ページで述べた労働時間の定義からすると、「中抜け」時間を休憩時間として扱うためには、同時間について、労働者が労働から離れ自由に利用することが保障されている必要がある。そのため、「中抜け」の開始・終了時に労働者に都度報告させるルールをつくり、「中抜け」時間中に業務に従事するよう指示を出さないことの徹底等が必要である
労働時間の管理（一斉休憩）	休憩時間は原則として労働者全員に一斉に与えなければならないが、テレワーク中は個々の労働者の生活の必要に合わせて休憩を取らせることが効率的である。こうした一斉休憩の例外を設けるためには、労使協定の締結が必要となる。ただし、休憩時間は労働時間の「途中」に、「労働から離れ自由に利用することが保障される」態様で与える必要があるため、休憩時間の取得を労働者の裁量に委ねる場合も、一定のルールづくりが必要である
費用負担	テレワークを労働者の自宅で行う場合、水道光熱費や通信回線利用料等の費用が発生するが、通常、個人使用と業務使用の切り分けは困難である。そのため、こうした費用は労働者個人の負担としつつ、会社が一定額の手当を支給するケースがあるが、労働者に費用を負担させる場合は、就業規則の変更が必要なことに注意が必要となる。なお、使用する情報通信機器については、会社所有の機器を労働者へ貸与するケースが多くみられる
安全衛生・労働災害	テレワークガイドラインでは、安衛法上の健康確保措置として、①健康診断とこれに関する措置、②長時間労働者に対する医師の面接指導等、③ストレスチェックとこれに関する措置等が挙げられている。また、使用者は、事務所衛生基準規則や労働安全衛生規則、「情報機器作業における労働衛生管理のためのガイドライン」の衛生基準と同等の作業環境となるよう、テレワークを行う労働者に助言等することが望ましいとされている。こうしたガイドライン自体に法的拘束力は

	ないものの、後に労働災害等が生じた場合に、会社がガイドライン違反を理由に安全配慮義務違反を問われ、損害賠償請求等を受ける可能性があるため、注意が必要となる
通勤手当	テレワーク勤務が長期化し、会社への出勤が減少する場合、それまで支給してきた通勤手当の取り扱いが問題となり得る。通勤手当に関する就業規則上の定めが、実費相当額のみを支給するとされている場合には、就業規則の変更までは必要ない一方、通勤の有無にかかわらず定期券購入費を支給するとされている場合には、一定額の通勤手当の支給が労働条件となっていることから、当然に取り扱いを変更することはできないことに注意が必要となる
情報管理	テレワーク勤務においては、会社の事業場以外の場所で、会社の知的財産権や個人情報等を取り扱うこととなるため、情報管理に留意が必要となる。特に、通信回線についてはIDとパスワードでログインが必要なものを使用することや、PC画面が第三者に見える場所・WEB会議の音声が第三者に聞かれる場所では秘密情報を取り扱わないことなどを服務規定に盛り込み、従業員へ周知徹底することが重要である
労働時間の把握と特殊な労働時間制	テレワーク勤務では、使用者側で労働時間を目視できないことから、事業場外みなし労働時間制を適用するケースが多い。しかしながら、テレワーク勤務時には、従業員はPCを用いて勤務することが多く、事業場外みなし労働時間制適用の要件である「労働時間を算定し難いとき」に該当しない可能性があるため、推奨はされない。テレワーク勤務のメリットである、労働者の仕事と生活の調和の実現という意味では、始業および終業の時刻を労働者の裁量に委ねるフレックスタイム制の導入が考えられる。なお、テレワーク勤務を適用する場合でも、使用者による労働時間の適切な把握・管理の義務は除外されないため注意が必要である

2 時差通勤

　新型コロナウイルス感染症の感染拡大防止のため、通勤時の3密防止の観点から時差通勤を導入することが考えられますが、個々の労働者の

希望を聞いて個別対応を行う場合、労働時間管理等が煩雑であるため、時差通勤を就業規則上の制度としてもよいでしょう。

　この場合、労使の協議により、対象となる労働者の範囲や通勤時刻のパターン、期間等を定める必要があるでしょう。また、通勤時刻・始業時刻が後ろ倒しになる結果、深夜労働時間が発生すれば、人件費の増加につながるため、繁忙期には一定の範囲で時差通勤の適用対象外とすることや、午後10時以降の労働は行わないよう周知徹底しつつ実際に残業がされないよう労働時間の管理を行うことも重要となります。

　また、休憩時間にもずれが生じ得るため、その場合には、一斉休憩の例外としての労使協定の締結を行う必要があります。

休日・休暇・休憩

Q 休憩はどのように与えればよいか

1 休憩時間に関する原則

ここでは、休憩時間の原則について解説します。休憩時間については、主に下記［休憩時間の基本的ルール］に掲げた三つの原則があります。

[1] 休憩時間の長さ等に関する基本的なルール

労基法は、労働者に対し、次表の基準で休憩時間を与えなければならないとしています。なお、次表の休憩時間の長さは、労基法が規定する最低基準であるため、これを超える休憩時間を付与することは制限されません。

✓ 休憩時間の基本的ルール

労働時間	休憩時間
6時間以内の場合	労基法上、休憩を付与する必要はなし
6時間を超え8時間以内の場合	労働時間の途中に、45分以上の休憩時間を付与する必要あり
8時間を超える場合	労働時間の途中に、1時間以上の休憩時間を付与する必要あり

休憩時間は、労働時間の「途中」に与えることが必要とされていますので、始業時間または終業時間と接着させて与えることはできません。労働時間の途中であれば、その付与のタイミングは制限されません。

[2] 休憩時間の自由利用

休憩時間は、労働者が権利として労働から離れることを保障されている時間でなければならず、使用者は、労働者に休憩時間を自由に利用さ

せなければなりません。実際に作業には従事していないとしても使用者から就労の指示（例えば、電話対応等の指示）があるかもしれない状態の待機時間（いわゆる手待時間）は、休憩時間には含まれません。

　他方で、休憩時間であっても、事業場の規律保持上必要な制限を加えることは、休憩の目的を損なわない限り差し支えないと考えられています。そのため、行政通達では、休憩時間中の外出を許可制とすることも、事業場内において自由に休息し得る場合には、必ずしも労基法に違反するものではないとしています。もっとも、合理的な理由のない不許可は違法と判断され得ると考えられるところ、許可／不許可の判断を都度公正に行うことは現実には困難であると考えられますので、実務上は許可制ではなく届け出制にとどめることが望ましいと考えられます。

[3] 一斉付与の原則

　休憩時間は、同一の事業場の全労働者に対し、一斉に付与することが原則です。ただし、次表の場合には、一斉付与の原則が適用除外となります。

✓ 休憩の一斉付与の原則と例外

原則	同一の事業場の全労働者に対し、一斉付与
例外	①特定の業種（運輸交通業、商業、金融広告業、映画・演劇業、通信業、保健衛生業、接客娯楽業、官公署）である場合 または ②事業場の過半数労働組合（ない場合は従業員代表）との間で労使協定を締結している場合

2 休憩時間の分割付与の可否

　労基法上、休憩時間を必ずしも一度にまとめて付与する必要はなく、分割して付与することも差し支えありません。もっとも、前記【2】のとおり、休憩時間は労働者が労働から完全に解放されて自由に利用できる時間であることが必要ですので、自由な利用が制限されるほどに細切れに休憩時間を付与した場合には、その時間は休憩時間とは評価されない可能性があります。

✓ 休憩時間の付与の具体例

> 例えば、所定労働時間 8 時間、休憩時間 45 分の会社の場合において、労働者が時間外労働を行うことになり 1 日の労働時間が 8 時間を超えることとなった場合、使用者は、時間外労働の開始前または途中に 15 分の休憩時間を追加で付与する必要があります。なお、このような分割付与（15分程度の休憩時間の付与）は、労基法上問題がないと考えられています。

Q 休日はどのように与えればよいか

1 休日に関する基本的なルール

ここでは、休日の原則について解説します。

[1] 法定休日

労基法は、労働者に対し、次表の基準で休日を与えなければならないとしています。このような労基法の要請に基づく休日を「法定休日」といいます。

✓ 法定休日の定め

原則	毎週 1 日以上
例外	4 週間を通じて 4 日以上

「休日」とは、労働契約において労働義務を負わない日をいい、暦日（午前 0 時から午後 12 時まで）の休業を指します。

また、ここでいう「毎週」とは、就業規則やその他の規程において別段の定めがない限り、日曜日から土曜日までのいわゆる暦週を指します。

「4 週間を通じて 4 日以上」については、どの 4 週間を区切っても 4 日の休日が与えられていなければならないという趣旨ではなく、特定の 4 週間に 4 日の休日があればよいという趣旨です。そのため、特定の 4 週間を明確にするべく、就業規則等において 4 週間の起算日を明らかにする必要があります。

なお、法定休日をどの日（またはどの曜日）に位置づけるかについて、労基法は特段の定めを設けていませんので、国民の祝日を休日としなかったとしても労基法違反となるものではありません。使用者は、上記の基準（毎週 1 日以上または 4 週間を通じて 4 日以上）を遵守している

限り、その裁量で法定休日を定めることができます。

[2] 所定休日（法定外休日）

　前記の法定休日以外に使用者が付与する休日を、「所定休日」（法定外休日）といいます。所定休日については、使用者が任意に付与することができますが、前述（69ページ）のとおり、労基法では原則として労働時間の上限は1日8時間、1週間40時間と定められているため、その上限規制との関係で、週1日の法定休日のほかに所定休日をもう1日付与することが必要となる場合があります。

2 休日の特定の要否

　行政解釈においては、就業規則等で具体的に一定の日を休日と定めることが望ましいとされているものの、労基法は必ずしも休日を特定すべきことを要求していません。したがって、就業規則上、法定休日と所定休日の区別を設けないことも可能です。

　では、実務上、両者は特定したほうがよいのでしょうか。

　法定休日と所定休日は、当該休日に労働した場合、割増賃金率が異なります。具体的には、法定休日に労働した場合には休日労働となり、割増賃金率は35％以上となりますが、所定休日に労働した場合には休日労働扱いではなく、週40時間を超えた労働が時間外労働として扱われることとなり、割増賃金率は25％以上（月の時間外労働が60時間を超えた部分に関しては、50％以上。2023年4月1日以降は、中小企業も対象となります）となります。

　そのため、あらかじめ就業規則等の規程において両者を区別して定めておくことが、労使間のトラブルの防止につながると考えられます。

　他方で、両者を特定しない場合には、労働者が週休2日のうち1日のみ労働した場合に、当該労働は所定休日における労働であったと取り扱うことで（両日ともに労働した場合には、行政解釈上、その暦週におい

て後順に位置する日における労働が法定休日労働と扱われます）、割増賃金の額を抑えることができますので、会社にとってメリットとなる可能性があります。

　以上のとおり、それぞれにメリットがありますので、両者をあらかじめ特定するか否かについては、会社の実態に合わせて判断することが大切です。

振替休日と代休はどう違うか

1 振替休日と代休とは

　「振替休日」とは、あらかじめ休日と定められていた日を事前の手続きによって労働日とし、その代わりに他の労働日を休日とすることをいいます。これにより、あらかじめ休日と定められた日が「労働日」となり、その代わりとして振り替えられた日が「休日」となります。

　他方、「代休」とは、休日労働が行われた後に、その代わりとして以後の特定の労働日を休日とすることをいいます。振替休日のように事前に休日と労働日を入れ替えるものではありませんので、休日労働が行われたという事実は変わりません。休日の振替を行う場合も代休を付与する場合も、労働契約上の根拠が必要となります。そのため労働協約や就業規則において休日の振替／代休の付与ができる旨の規定を設けておくか、または労働者の個別の同意を取得する必要があります。

2 休日の振替／代休の付与を行う場合のルール

　休日の振替等のルールは、次表のとおりです。

✓ 休日の振替／代休の付与に係る規制

区分	法定休日である場合	所定休日である場合
休日の振替	・毎週1日以上または4週間を通じて4日以上の休日を付与できるように振替休日を指定すること ・振替休日を暦日単位（午前0時から午後12時まで）で付与すること（時間単位での付与は不可）	規制なし（時間単位付与も可）

代休の付与	規制なし（時間単位付与も可）	規制なし（時間単位付与も可）

③ 休日の振替／代休の付与をした場合の割増賃金率

割増賃金率は、それぞれ以下のとおりとなります。

✓ 割増賃金のルール

区分	法定休日である場合	所定休日である場合
休日の振替	休日労働としての割増賃金の支払義務は発生しない（もともとの休日に労働させたとしても、当該休日は既に労働日に変更されているため） ただし、当該労働により1週間の総労働時間が40時間を超えた場合には、超えた時間分の労働に対する割増賃金（25％以上[注]）の支払いが必要となる	
代休の付与	休日労働に対する割増賃金（35％以上）を支払う必要がある	当該労働により1週間の総労働時間が40時間を超えた場合に、超えた時間分の労働に対する割増賃金（25％以上[注]）の支払いが必要となる

[注] 月の時間外労働が60時間を超えた部分に関しては、50％以上の支払いが必要となる（2023年4月1日以降は、中小企業も対象）。

　なお、休日に労働し、その後に代休を取得した場合、その休日労働に対する手当は割増賃金分（法定休日の場合35％以上、所定休日の場合25％以上の部分）のみで足りるのか、それとも時間単価部分（100％の部分）の支払いも必要となるのかが、問題となります。理論的には、使用者が代休を与え労働者の就労を免除したとしても、それは反対債務である賃金支払義務の消滅までを意味するものではありませんので、割増賃金に加え、時間単価部分（100％）の支払いも必要となると考えられます。

しかしながら、代休を与えているにもかかわらず、時間単価部分（100%）までも支払うことは、実務的な感覚にはそぐわないと考えられます。そこで、就業規則において、割増賃金部分のみを支払う旨を定めておくことにより、時間単価部分（100%）を控除するという処理が可能になると考えます。ただし、代休を時間単位で付与する場合には、100%部分をそのまま控除することはできませんので、留意が必要です。

休暇は会社が自由に決めてよいか。必ず与えないといけない休暇は何か

「休暇」とは、もともと労働義務がある日に、労働者が申請等することによってその義務が免除される日をいいます。休暇には、大きく分けると、法律で定められた休暇である「法定休暇」と、会社が任意に定めた休暇である「特別休暇」（法定外休暇）があります。

1 法定休暇（必ず与えなければならない休暇）

法定休暇は、法で定められた、必ず与えなければならない休暇です。主に次の表に掲げるものがあります。

このうち、年次有給休暇については、使用者は休暇中であっても賃金を支払う義務がありますが、その他の法定休暇については、使用者に賃金を支払う義務はありませんので、各社において有給とするか無給とするかを任意に定めることができます。なお、年次有給休暇については111ページ、育児休業・介護休業については124ページ・130ページにおいてそれぞれ解説しています。

✓ 法定休暇（必ず与えなければならない休暇）

法定休暇の名称	内容	賃金支払義務	根拠条文
年次有給休暇	雇い入れ日から6カ月以上継続勤務し、かつ全労働日の8割以上出勤した労働者に対して付与される有給休暇	あり	労基法39条
育児休業	子が1歳（一定の場合は、最長で2歳）に達するまでの間、労働者の申し出により取得可能な休業	なし	育児・介護休業法5〜10条

介護休業	要介護状態にある対象家族を介護する労働者が、申し出により、対象家族1人につき通算93日まで取得可能な休業（3回まで分割取得可能）	なし	育児・介護休業法11〜16条
産前・産後休暇	産前休暇は、6週間（多胎妊娠の場合は14週間）以内に出産する予定の女性労働者が請求した場合に取得できる休暇 産後休暇は、本人の請求の有無にかかわらず、産後8週間までの女性労働者に付与しなければならない休暇。ただし、産後6週間を経過した女性労働者が請求した場合に、医師が支障がないと認めた業務について就業させることは可能	なし	労基法65条
生理休暇	生理日の就業が著しく困難な女性労働者が請求した場合に取得できる休暇	なし	労基法68条
子の看護休暇	小学校就学前の子を養育する労働者が、申し出により、1年度に5日（子が2人以上の場合は10日）まで、子の負傷、疾病または疾病予防に必要な世話を行うために取得できる休暇	なし	育児・介護休業法16条の2〜16条の4
介護休暇	要介護状態にある対象家族の介護等を行う労働者が、申し出により、1年度に5日（対象家族が2人以上の場合は10日）まで、対象家族の世話を行うために取得できる休暇	なし	育児・介護休業法16条の5〜16条の7

② 特別休暇（法定外休暇）

　特別休暇は、会社が任意に定める休暇であるため、その取得要件や内容、また有給か無給などについては、会社が自由に定めることが可能です。一般的に設けられることが多い特別休暇としては、結婚休暇、忌引休暇、リフレッシュ休暇、病気休暇、ボランティア休暇などがあります。

年休のルールとはどのようなものか

1 年次有給休暇の付与の要件

　使用者は、次の2点を満たす労働者に対して、継続し、または分割した年次有給休暇（以下、年休）を与えなければなりません。対象となる労働者には、管理監督者や有期雇用労働者も含まれます。

①雇い入れの日から6カ月間継続勤務している
②全労働日のうち8割以上出勤している

　①「継続勤務」とは、労働契約の存続期間、つまり在籍期間を指し、勤務実態に即して判断されます。例えば、定年退職者を嘱託社員として再雇用する場合や、在籍型の出向をした場合、休職者が復職した場合、パートタイム労働者等を正社員として採用した場合等は、実質的に労働関係が継続している限り勤務年数を通算する必要があります。

　②「全労働日」とは、所定休日を除いた日、すなわち労働者が労働契約上労働義務を課せられている日をいいます。例外として、使用者の責めに帰すべき事由による休業の日や正当な争議行為により労務の提供がまったくなされなかった日は「全労働日」に含まれません。また、労災により休業した期間、産前産後休業をした期間、育児休業、介護休業をした期間、年休を取得した日は、「全労働日」に含めた上で、これを出勤したものとみなします。

2 年休の付与の方法に関する基本的なルール

[1] 年休の法定付与日数

　法律で定められた年休の付与日数は次ページの表のとおりです。なお、この付与日数は労基法が規定する最低基準であるため、これを超える休暇を付与することも可能です。

✓ 年休の法定付与日数

週所定労働時間	週所定労働日数	1年間の所定労働日数（週以外の期間によって、労働日数を定めている場合）	継続勤務期間に応じた年休の日数						
			6カ月	1年6カ月	2年6カ月	3年6カ月	4年6カ月	5年6カ月	6年6カ月以上
30時間以上	5日以上		10日	11日	12日	14日	16日	18日	20日
30時間未満	4日	169〜216日	7日	8日	9日	10日	12日	13日	15日
	3日	121〜168日	5日	6日	6日	8日	9日	10日	11日
	2日	73〜120日	3日	4日	4日	5日	6日	6日	7日
	1日	48〜 72日	1日	2日	2日	2日	3日	3日	3日

[注] 1 太枠部分が比例付与の日数。
　　　2 付与日数は年休が付与される年度における所定労働日数を基に算定する。

　また、付与の起算日（基準日）は個々の労働者の雇い入れ日ですが、法定付与日数を下回らないよう制度設計をするのであれば、全労働者について一律の基準日を定めること（斉一的取り扱い）も可能とされています。

　具体的には、①法定基準日以前に付与する場合の8割出勤の算定は、短縮された期間を全期間出勤したものとみなすこと、②次年度以降の年休の付与日についても、初年度付与日を繰り上げた期間と同じ、またはそれ以上の期間を法定基準日より繰り上げること、の二つの要件を満たす必要があります。

　原則的な付与日数と、短時間労働者（所定労働時間が週30時間未満で、かつ、所定労働日数が週4日以下または年216日以下の場合）に対する付与日数は、それぞれ上の表のとおりです。

[2] 年休の時効

　年休の時効は2年間とされています。したがって、前年度に取得できなかった年休は、翌年度への繰り越しを認める必要があります。

[3] 年休の付与の単位

　年休は1日単位で付与することが原則です。もっとも、労働者が半日単位での取得を希望し、使用者が同意した場合であれば、半日単位で年休を与えることも可能です。また、労使協定を締結している事業場においては、労働者が時間単位での取得を請求した場合、年に、年休5日分に相当する時間を限度として、時間単位で付与することが可能です。

年休の取得義務化とは何か

1 年5日の時季指定義務

[1] 年休の時季指定義務の内容

　2019年4月に施行された改正労基法により、使用者には、労働者ごとに、年休を付与した日（基準日）から1年以内に、取得時季を指定して年5日の年休を取得させなければならない義務が課されることとなりました。

　なお、この義務は、法定の年休が10日以上付与される労働者を対象に課されます。

✓ 具体例（2020年4月1日に入社した労働者の場合）

年休の付与日	年5日の年休を取得させる義務がある期間
法定どおり入社6カ月後の2020年10月1日に10日の年休を付与した場合	2021年9月30日までの1年間に5日の年休を取得させなければならない
法定の基準日より早く、入社日当日（2020年4月1日）に10日の年休を付与した場合	2021年3月31日までの1年間に5日の年休を取得させなければならない
入社6カ月後の2020年10月1日に10日の年休を付与し、翌年度以降は（全社的な基準日の統一のため）4月1日に年休を付与する場合	2020年10月1日からと2021年4月1日からのそれぞれ1年以内に5日の年休を取得させることが原則 ただし、2020年10月1日（1年目の年休付与日）から2022年3月31日（2年目の年休付与日から1年後）までの期間（18カ月）の長さに応じた日数（比例案分した日数［18÷12×5＝7.5日］）を同期間に取得させる方法も認められる

入社日当日（2020年4月1日）に5日の年休を付与し、同年10月1日に5日の年休を付与した場合	付与日数の合計が10日に達した日（2020年10月1日）から1年以内に5日の年休を取得させなければならない

[2] 時季指定の方法

　使用者には、取得時季の指定を行う前に労働者の意見を聴取する義務があります。また、具体的な時季指定に当たっては、聴取した労働者の意見をできる限り尊重するよう努めなければなりません。

　なお、休暇に関する事項は就業規則の絶対的必要記載事項であることから、使用者による年休の時季指定を実施する場合は、時季指定の対象となる労働者の範囲・時季指定の方法等について、就業規則に記載する必要があります。

[3] 時季指定が不要な場合

　使用者は、時季指定義務が課される年5日から、労働者が自ら取得した年休や計画年休により付与した年休の日数分を控除して、年休の時季指定を行う必要があります。したがって、労働者が自ら取得した年休や計画年休により付与した年休の日数の合計が5日以上となる場合には、使用者は時季指定をする必要はなく、また、することもできません。

[4] 罰則

　年5日の年休を取得させなかった場合や、時季指定に関して就業規則に記載していなかった場合は、労基法120条により30万円以下の罰金に処せられる可能性があります。

② 年5日の年休を確実に取得させるための工夫

[1] 個別指定方式

労働者ごとに取得日数が5日以上になっているかを確認し、年5日の取得が難しそうな労働者に対して、使用者が時季指定を行うことが考えられます。具体的には、年休の付与日から一定期間が経過したタイミング（例えば、8カ月後など）までに年休の取得が5日未満の労働者について使用者が残日数の時季指定を行う旨を就業規則において定めておき、それに従って運用することが考えられます。

なお、年休を取得しやすくするための工夫として、職場ごとに年休取得計画表を作成し、周囲に年休の取得予定を周知しておく方法もおすすめです。

[2] 計画年休制度の導入

前記のとおり、計画年休により取得した年休も時季指定義務が課される年5日としてカウントされますので、計画年休制度を活用して、各労働者に年5日の年休を確実に取得させることが考えられます。

③ 年次有給休暇管理簿の作成・保存義務

使用者は、年次有給休暇管理簿（年休の基準日、取得日数および取得日を労働者ごとに明らかにした書類）を作成し、その年休を与えた期間中およびその期間の満了後3年間保存する必要があります。

年次有給休暇管理簿は、労働者名簿または賃金台帳と合わせて作成することも可能です。また、システム上で管理することも可能ですが、その場合には、いつでも出力できる仕様にしておくことが必要です。

Q 年休は具体的にいつ与えればよいか。 労働者からの年休取得の請求を拒否すること はできるか

1 労働者による年休の時季指定

年休は、原則として、労働者が請求する時季に与えなければなりません。

なお、就業規則などにおいて、労働者による年休の時季指定を事前に行うよう定めることは、そのような定めが合理的なものである限り有効とされています。また、労働者の欠勤を事後的に年休に振り替えることは、使用者が同意する限り、制限されません。

2 使用者による年休の時季指定や変更

上記のとおり、労働者が請求する時季に年休を与えることが原則となりますが、例外的に、使用者が具体的な時季を指定したり、労働者の請求した時季を変更したりできる場合があります。さらに、前述（114ページ）のとおり、2019年4月に施行された改正労基法により、年5日間の年休を取得させることが使用者に義務づけられました。

[1] 計画年休

使用者は、事業場の過半数労働組合または従業員代表との間で労使協定を締結した場合には、当該事業場の労働者に対し、計画的に付与日を定めて年休を与えることが可能になります（計画年休）。ただし、労働者が時季指定できる年休も確保する必要があるため、労使協定により計画的に付与できるのは、年5日を超える年休のみとされています。

[2] 時季変更権の行使

(1)「事業の正常な運営を妨げる場合」とは

労働者の年休の時季指定に対し、使用者は、「事業の正常な運営を妨げる場合」に限り年休の取得時季を変更することができます(時季変更権)。

「事業の正常な運営を妨げる場合」とは、労働者が年休を取得しようとする日の労働が、会社の相当な範囲の業務運営に不可欠で、かつ代替者を確保することが困難であることを指すとされています。そして会社には、代替者確保等のための通常の配慮をすることが求められ、そのような配慮をしない場合には時季変更権の行使は無効となります。

✓ 時季変更権が行使できる例、できない例

時季変更権の行使が適法とされた裁判例
・研修期間中の年休請求については、具体的な研修等の内容が、これを欠席しても予定された知識や技能の修得に不足を生じさせないものと認められない限り、使用者は時季変更権を行使することができるとされた例（NTT事件　最高裁二小　平12.3.31判決） ・事前の調整を図ることなく長期かつ連続の年休の時季指定がなされた場合において、使用者の時季変更権の行使については、ある程度の裁量的判断の余地を認めざるを得ないとした上で、24日間の年休請求に対し、その後半部分についてなした時季変更権の行使が適法とされた例（時事通信社事件　最高裁三小　平4.6.23判決） ・業務に配置すべき人員数が定められており、また年休請求時期が遅かったなどの事情から、事業の正常な運営が妨げられると判断したことについて、結果的に事業の正常な運営は妨げられなかったものの、使用者の時季変更権の行使は適法とされた例（此花電報電話局事件　最高裁三小　昭57.3.18判決）
時季変更権の行使が違法とされた裁判例
・要員不足が9カ月以上にわたって常態化していた場合においては、事業の正常な運営を妨げる場合に当たるとして時季変更権を行使することは認められないとされた例（西日本ジェイアールバス事件　名古屋高裁金沢支部　平10.3.16判決）

(2) 時季変更権を行使できる時期

　時季変更権の行使は、年休の開始前に行うのが原則的な対応となります。しかし、年休の請求が年休開始直前になされ、使用者が時季変更について事前に判断する余裕がなかった場合には、客観的に時季変更権を行使し得るような事由があり、かつその行使が遅滞なくなされたものである限りは、年休開始後であっても時季変更権の行使は適法となると考えられます。

③ 例外的に、年休の請求が認められない取得理由

　年休をどのように利用するかは使用者の干渉を許さない労働者の自由です。したがって、使用者が、年休の利用目的(取得理由)によって時季変更権を行使するかどうかを決定することは原則として違法となります。

　しかし、例外的に年休の請求を認めなくともよいと考えられる利用目的（取得理由）があります。それは、事業の正常な運営の阻害を目的とする場合や権利の濫用と認められる場合です。

✓ 労働者の年休の請求が認められない例、認められる例

労働者による年休の請求が認められないとした裁判例
• 労働者が、自己の事業場の業務の正常な運営を阻害するため全員一斉に休暇届けを提出して職場を放棄・離脱する一斉休暇闘争は、実質は年休に名を借りた同盟罷業にほかならず、本来の年次休暇権の行使ではなく、賃金請求権が発生しないとされた例（白石営林署事件　最高裁二小　昭48.3.2判決） • 労働者が、既に取得していた年休を利用し、事後的にたまたまその日に実施された自己の事業場のストライキに参加した行為は、事業場の正常な運営を阻害する目的をもって年休請求を維持し職場を離脱したものであって、業務を運営するための正常な勤務体制が存在することを前提として休暇を認めるという年休制度の趣旨に反するものであり、本来の年休権の行使とはいえないとされた例（日本国有鉄道清算事業団事件　最高裁三小　平3.11.19判決）

- タクシー運転手らが、ナイト乗務を拒否するために時季指定を行った年休について、ナイト乗務は深夜のタクシー不足解消や労働時間の短縮という社会的・政策的要請に基づくものであり、ナイト乗務制度を実施する必要性は極めて高いことなどから、深夜乗務を拒否する目的での年休の時季指定は、権利の濫用として無効であるとされた例（日本交通ほか事件　東京高裁　平 11.4.20 判決）

労働者による年休の請求が認められるとした裁判例

- 他の事業場での争議行為に参加するために年休を取得することは年休の成否に影響することはないとした例（前掲白石営林署事件）

Q 退職前に年休を一括請求されたら認めなければならないか。年休の買い上げは可能か

1 退職予定者に時季変更権を行使できるか

前述（118 ページ）のとおり、労働者からの年休の請求に対し、使用者は「時季変更権」を有していますが、退職する労働者の場合、他の時季に年休を与えることができないため、時季変更権を行使することはできません。つまり、時季変更権を行使する余地がないことから、法律上は年休取得を認めざるを得ないことになります。もし業務の引き継ぎ等のためにどうしても出勤してもらう必要があるのであれば、本人にその旨を伝え、理解を得るほかないでしょう。

2 年休の買い上げの可否

そもそも、年休の買い上げや買い上げの予約をして、年休の日数を減らしたり、請求された日数を付与しなかったりすることは、年休制度の趣旨に反し、違法とされています。一方、時効や退職等の理由で年休が消滅するような場合に、残日数に応じた金銭を給付することは、事前の買い上げとは異なるものであり、労基法 39 条に違反するものではないと解されています。

そこで、上記 1 において退職する労働者に対して説得をするに当たり、消化できなかった年休を買い上げるという提案を行うことも一つの選択肢であると考えます。

休業・休職

育児休業はどのような制度か

育児・介護休業法では、仕事と子の育児を両立することができるように、さまざまな支援制度が定められています。ここでは、育児休業制度をはじめとする、さまざまな両立支援制度について解説します。

なお、育児・介護休業法の育児関係における「子」には、労働者と法律上の親子関係がある子（養子を含む）のほか、特別養子縁組のための試験的な養育期間にある子や養子縁組里親に委託されている子等も含まれます。

1 育児休業

労働者が、原則として1歳に満たない子を養育するためにする休業をいいます。

✓ 育児休業について

対象労働者	・すべての労働者（日々雇用される者を除く） ・ただし、有期雇用労働者の場合は、申し出時点で次の要件を満たすことが必要 　①入社1年以上であること 　②子が1歳6カ月（2歳までの育児休業の場合は2歳）に達する日までに労働契約（更新される場合には、更新後の契約）が満了し、更新されないことが明らかでないこと ※労使協定を締結することにより、以下の労働者は対象外とすることが可能 　・入社1年未満の労働者 　・申し出の日から1年以内（1歳6カ月または2歳までの育児休業をする場合には、6カ月以内）に雇用関係が終了する労働者 　・1週間の所定労働日数が2日以下の労働者

期間	・原則として、子が出生した日から子が1歳に達する日（誕生日の前日）までの期間
	・ただし、以下のいずれにも該当する場合には、子が1歳に達する日の翌日（1歳の誕生日）から子が1歳6カ月に達する日までの期間、育児休業をすることが可能
	①子が1歳に達する日において、労働者本人または配偶者が育児休業をしていること
	②保育所に入所できない等、1歳を超えても休業が特に必要と認められること
	・さらに、以下のいずれにも該当する場合には、子が1歳6カ月に達する日の翌日から子が2歳に達する日までの期間、育児休業をすることが可能
	①子が1歳6カ月に達する日において、労働者本人または配偶者が育児休業をしていること
	②保育所に入所できない等、1歳6カ月を超えても休業が特に必要と認められること
	・特例として、両親ともに育児休業する場合で、以下のいずれにも該当する場合には、子が1歳2カ月に達する日までの間の1年間、取得可能（「パパ・ママ育休プラス」）
	①労働者本人の配偶者が、子の1歳に達する日以前に育児休業をしていること
	②本人の育児休業開始予定日が、子の1歳の誕生日以前であること
	③本人の育児休業開始予定日が、配偶者がしている育児休業の初日以降であること
申し出の回数	・原則として1人の子につき1回（1歳6カ月、2歳までの育児休業は別に取得可能）
	・ただし、特例として、子の出生後8週間以内に産後休業をしていない労働者が最初の育児休業を取得し、終了した場合は、特別な事情がなくても再度の取得が可能（「パパ休暇」）
手続き	労働者は、休業開始予定日の1カ月前（1歳6カ月または2歳までの育児休業の場合は2週間前）までに書面等により事業主に申し出る必要あり

2 子の看護休暇

　小学校就学の始期に達するまでの子を養育する労働者が、負傷したり疾病にかかったりした子の世話をはじめ、予防接種等、疾病の予防を図るために必要な世話を行うために取得できる休暇をいいます。

✓ 子の看護休暇について

対象労働者	・すべての労働者（日々雇用される者を除く） ※労使協定を締結することにより、以下の労働者は対象外とすることが可能 　・入社6カ月未満の労働者 　・1週間の所定労働日数が2日以下の労働者
日数	1年度において5日（子が2人以上の場合は10日）まで
取得単位	1日または時間単位で取得が可能 ※時間単位での取得が困難と認められる業務に従事する労働者は、労使協定の締結により、1日単位での取得に限定することが可能（半日単位については要配慮）

3 所定外労働・時間外労働・深夜業の制限

　一定の年齢の子を養育するため、労働者が請求した場合に、事業主が当該労働者に対し、所定外労働や時間外労働、深夜業に従事させることが原則として禁止となる制度をいいます。

✓ 子を養育する労働者に対する所定外労働・時間外労働・深夜業の制限

区分	所定外労働の制限	時間外労働の制限	深夜業の制限
内容	3歳に満たない子を養育する労働者が、その子の養育のために請求した場合にお	小学校就学の始期に達するまでの子を養育する労働者が、その子の養育のために請求した場合	小学校就学の始期に達するまでの子を養育する労働者が、その子の養育のために請求した場合においては、事業主は午後10時～午前5時（深夜）において労働させてはならない

	いては、事業主は所定労働時間を超えて労働させてはならない	においては、事業主は制限時間（1カ月24時間、1年150時間）を超えて時間外労働をさせてはならない	
対象労働者	・3歳に達するまでの子を養育するすべての労働者（日々雇用される者を除く） ※労使協定を締結することにより、以下の労働者は対象外とすることが可能 ・入社1年未満の労働者 ・1週間の所定労働日数が2日以下の労働者	・小学校就学の始期に達するまでの子を養育するすべての労働者 ・ただし、以下に該当する労働者は対象外 ・日々雇用される労働者 ・入社1年未満の労働者 ・1週間の所定労働日数が2日以下の労働者	・小学校就学の始期に達するまでの子を養育するすべての労働者 ・ただし、以下に該当する労働者は対象外 ・日々雇用される労働者 ・入社1年未満の労働者 ・保育ができる、次の①～③に該当する16歳以上の同居の家族がいる労働者 ①深夜に就労していないこと（深夜の就労日数が1カ月につき3日以下の者を含む） ②負傷、疾病、心身の障害により保育が困難でないこと ③産前6週間（多胎妊娠の場合は14週間）、または産後8週間以内の者でないこと ・1週間の所定労働日数が2日以下の労働者 ・所定労働時間の全部が深夜にある労働者
期間	1回の請求につき、1カ月以上1年以内の期間		1回の請求につき、1カ月以上6カ月以内の期間
回数	請求できる回数に制限なし		
手続き	労働者は、開始日の1カ月前までに、書面等により事業主に請求する必要あり		

例外	事業の正常な運営を妨げる場合は、事業主は請求を拒むことができる

4 所定労働時間の短縮措置

　3歳に満たない子を養育する労働者が申し出た場合に、事業主は1日の所定労働時間を原則として6時間とする短時間勤務制度を設けなければなりません。

✓ 子を養育する労働者に対する所定労働時間の短縮措置

対象労働者	・すべての労働者（日々雇用される者、1日の所定労働時間が6時間以下の者を除く） ※労使協定を締結することにより、以下の労働者を対象外とすることが可能 　①入社1年未満の労働者 　②1週間の所定労働日数が2日以下の労働者 　③業務の性質または業務の実施体制に照らして、所定労働時間の短縮措置を講ずることが困難と認められる業務に従事する労働者
代替措置	上記③の労働者について、短時間勤務制度を講じないこととするときは、当該労働者について次の措置のいずれかを講じなければならない ・育児休業に関する制度に準ずる措置 ・フレックスタイムの制度 ・始業・終業時刻の繰り上げ、繰り下げ ・事業所内保育施設の設置運営その他これに準ずる便宜の供与

5 事業主が講ずべき措置等

　子を養育する労働者に対して事業主が講ずべきその他の措置等は、次のとおりです。

✓ 子を養育する労働者に対して事業主が講ずべきその他の措置等

小学校就学の始期に達するまでの子を養育する労働者に関する措置	・小学校就学の始期に達するまでの子を養育する労働者に関して、育児休業に関する制度、所定外労働の制限に関する制度、所定労働時間の短縮措置、フレックスタイム制等の措置に準じて、必要な措置を講ずる努力義務 ・小学校就学の始期に達するまでの子を養育する労働者に関して、配偶者出産休暇等の育児に関する目的で利用できる休暇制度を講ずる努力義務
労働者の配置に関する配慮	・就業場所の変更を伴う配置の変更において、就業場所の変更により就業しつつ子の養育を行うことが困難となる労働者がいるときは、その子の養育の状況に配慮する義務
育児休業等の個別周知	・次の事項について、就業規則等にあらかじめ定め、周知する努力義務 　・育児休業中の待遇に関する事項 　・育児休業後の賃金、配置その他の労働条件に関する事項 　・子を養育しないこととなったことにより育児休業期間が終了した場合の労務提供の開始時期に関する事項 ・労働者またはその配偶者が妊娠・出産したことを知った場合に、当該労働者に対し、個別に関連制度を周知する努力義務
育児休業等に関するハラスメントの防止措置	・育児休業、その他子の養育に関する制度・措置の利用に関する言動により、労働者の就業環境が害されることがないよう、労働者からの相談に応じ、適切に対応するために必要な体制の整備その他の雇用管理上必要な措置を講ずる義務
不利益取り扱いの禁止	・育児休業、子の看護休暇、所定外労働の制限、時間外労働の制限、深夜業の制限、所定労働時間の短縮措置等について、申し出・取得等を理由とする解雇その他不利益な取り扱いの禁止

Q 介護休業はどのような制度か

　育児・介護休業法では、仕事と要介護状態にある対象家族の介護を両立することができるように、さまざまな支援制度が定められています。ここでは、介護休業制度をはじめとする、さまざまな両立支援制度について解説します。

　なお、育児・介護休業法において、「要介護状態」とは、負傷、疾病または身体上・精神上の障害により、2週間以上の期間にわたり常時介護を必要とする状態をいい、「対象家族」とは、配偶者（事実婚を含む）、父母、子（法律上の親子関係がある子〔養子を含む〕のみ）、祖父母、兄弟姉妹、孫、配偶者の父母をいいます。

1 介護休業

　労働者が、要介護状態にある対象家族を介護するためにする休業をいいます。

✓ 介護休業について

対象労働者	・すべての労働者（日々雇用される者を除く） ・ただし、有期雇用労働者の場合は、申し出時点で次の要件を満たすことが必要 　①入社1年以上であること 　②介護休業開始予定日から起算して93日を経過する日から6カ月経過する日までに労働契約が満了し、更新されないことが明らかでないこと ※労使協定を締結することにより、以下の労働者は対象外とすることが可能 　・入社1年未満の労働者 　・申し出の日から93日以内に雇用関係が終了する労働者 　・1週間の所定労働日数が2日以下の労働者

期間・回数	対象家族1人につき、通算93日まで・3回まで分割可能
手続き	労働者は、休業開始予定日の2週間前までに、書面等により事業主に申し出る必要あり

2 介護休暇

　労働者が、要介護状態にある対象家族の介護その他の世話（通院等の付き添い等）を行うために取得できる休暇をいいます。

✓ 介護休暇について

対象労働者	・男女の労働者（日々雇用される者を除く） ※労使協定を締結することにより、以下の労働者は対象外とすることが可能 　・入社6カ月未満の労働者 　・1週間の所定労働日数が2日以下の労働者
日数	1年度において5日（対象家族が2人以上の場合は10日）まで
取得単位	1日または時間単位で取得が可能 ※時間単位での取得が困難と認められる業務に従事する労働者は、労使協定の締結により、1日単位での取得に限定することが可能（半日単位については要配慮）

3 所定外労働・時間外労働・深夜業の制限

　要介護状態にある対象家族を介護するため、労働者が請求した場合に、事業主が当該労働者に対し、所定外労働や時間外労働、深夜業に従事させることが原則として禁止される制度をいいます。

✔ 家族を介護する労働者に対する所定外労働・時間外労働・深夜業の制限

区分	所定外労働の制限	時間外労働の制限	深夜業の制限
内容	要介護状態にある対象家族を介護する労働者が、その家族の介護のために請求した場合においては、事業主は所定労働時間を超えて労働させてはならない	要介護状態にある対象家族を介護する労働者が、その家族の介護のために請求した場合においては、事業主は制限時間（1カ月24時間、1年150時間）を超えて時間外労働をさせてはならない	要介護状態にある対象家族を介護する労働者が、その家族の介護のために請求した場合においては、事業主は午後10時〜午前5時（深夜）において労働させてはならない
対象労働者	・要介護状態にある対象家族を介護するすべての労働者（日々雇用される者を除く） ※労使協定を締結することにより、以下の労働者は対象外とすることが可能 ・入社1年未満の労働者 ・1週間の所定労働	・要介護状態にある対象家族を介護するすべての労働者 ・ただし、以下に該当する労働者は対象外 ・日々雇用される労働者 ・入社1年未満の労働者 ・1週間の所定労働日数が2日以下の労働者	・要介護状態にある対象家族を介護するすべての労働者 ・ただし、以下に該当する労働者は対象外 ・日々雇用される労働者 ・入社1年未満の労働者 ・介護ができる、次の①〜③に該当する16歳以上の同居の家族がいる労働者 ①深夜に就労していないこと（深夜の就労日数が1カ月につき3日以下の者を含む） ②負傷、疾病、心身の障害により介護が困難でないこと ③産前6週間（多胎妊娠の場合は14週間）または産後8週間以内の者でないこと

		日数が2日以下の労働者		・1週間の所定労働日数が2日以下の労働者 ・所定労働時間の全部が深夜にある労働者
期間	1回の請求につき、1カ月以上1年以内の期間		1回の請求につき、1カ月以上6カ月以内の期間	
回数	請求できる回数に制限なし			
手続き	労働者は、開始日の1カ月前までに、書面等により事業主に請求する必要あり			
例外	事業の正常な運営を妨げる場合は、事業主は請求を拒むことができる			

4 所定労働時間の短縮措置

　要介護状態にある対象家族を介護する労働者が申し出た場合に、事業主は所定労働時間の短縮措置を講じなければなりません。

✓ 家族を介護する労働者に対する所定労働時間の短縮措置

対象労働者	・すべての労働者（日々雇用される者を除く） ※労使協定を締結することにより、以下の労働者を対象外とすることが可能 　・入社1年未満の労働者 　・1週間の所定労働日数が2日以下の労働者
講ずべき措置	・所定労働時間を短縮する制度 ・フレックスタイムの制度 ・始業・終業時刻の繰り上げ、繰り下げ ・労働者が利用する介護サービスの費用の助成その他これに準ずる制度
回数	対象家族1人につき、利用開始の日から連続する3年以上の期間内に2回以上

5 事業主が講ずべき措置等

その他、要介護状態にある対象家族を介護する労働者に対して事業主が講ずべき措置等は、次のとおりです。

✓ 家族を介護する労働者に対して事業主が講ずべきその他の措置等

家族を介護する労働者に関する措置	・家族を介護する労働者に関して、介護休業制度または所定労働時間の短縮等の措置に準じて、その介護を必要とする期間、回数等に配慮した必要な措置を講ずる努力義務
労働者の配置に関する配慮	・就業場所の変更を伴う配置の変更において、就業場所の変更により就業しつつ家族の介護を行うことが困難となる労働者がいるときは、その家族の介護の状況に配慮する義務
介護休業等の個別周知	・次の事項について、就業規則等にあらかじめ定め、周知する努力義務 　・介護休業中の待遇に関する事項 　・介護休業後の賃金、配置その他の労働条件に関する事項 　・対象家族を介護しないこととなったことにより介護休業期間が終了した場合の労務提供の開始時期に関する事項 　・介護休業中の社会保険料の支払い方に関する事項 ・労働者が介護していることを知った場合に、当該労働者に対し、個別に関連制度を周知する努力義務
介護休業等に関するハラスメントの防止措置	・介護休業、その他家族の介護に関する制度・措置の利用に関する言動により、労働者の就業環境が害されることがないよう、労働者からの相談に応じ、適切に対応するために必要な体制の整備その他の雇用管理上必要な措置を講ずる義務
不利益取り扱いの禁止	・介護休業、介護休暇、所定外労働の制限、時間外労働の制限、深夜業の制限、所定労働時間の短縮措置等について、申し出・取得等を理由とする解雇その他不利益な取り扱いの禁止

Q 労働者を休職させる際に注意すべき点は何か

1 休職とは

　休職とは、労働者を就労させることが困難な事由が生じた場合に、雇用関係を継続させながら就労を免除または禁止する措置をいいます。

　休職の種類は、一般的には、①私傷病休職、②起訴休職、③組合専従休職、④出向休職、⑤留学等私用休職、⑥その他会社が必要と認めた場合の休職等があります。

2 就業規則等の確認

　休職は法律で定められている制度ではなく、就業規則等の定めや労使の合意に基づきその条件が定められます。このため、まずは、自社の就業規則等に休職の取り扱いを定めた規定があるかを確認し、そのような定めがある場合には、これに基づき休職の要否やその内容を決定する必要があります。

　就業規則等に休職の取り扱いが定められていない場合には、原則として休職を認める必要はありません。もっとも、当該従業員に対する配慮や解雇を猶予するための措置として休職を認めるときは、一般的な就業規則の規定例を参照しながら、休職期間、休職中の待遇、休職後の処遇等について個別に労働者と合意することも考えられます。なお、労使間のトラブルを未然に防ぐためにも、就業規則等で休職の要件等をあらかじめ定めておき、その内容を労働者に周知しておくことが望ましいといえます。

3 私傷病休職の際の留意点

　上記1の休職のうち、特に、労働者との間でトラブルや紛争が生じやすいのが、①の私傷病休職です。

事故や自らの不注意でけがをした場合は、病状や休業を要する期間が明確であることが多いため、就業規則等の定めに従って休職を命じることは比較的容易といえます。一方、うつ病等のこころの病は、本人がつらさを訴えただけでは、真に療養が必要なものであるのかを判断することが難しい場合があります。また、一方的に仮病と決めつけて、本人の就業場所、業務内容、労働時間等の労働条件の配慮をせずにそのまま働かせたことにより症状が悪化することになれば、安全配慮義務違反の責任を問われかねません。したがって、このような場合には、本人の愁訴（休職の申し出を含む）が、医学的な客観的資料（例えば診断書）により裏付けられるかを確認し、必要に応じて、自社の産業医や指定する医師の意見も聴いて、当該労働者の就労上の配慮や休職を命じることが必要か否かを判断することが重要となります。

　こころの病には、自分が病気であるという意識が薄いケースも見られます。労働者に問題行動（協調性の欠如）や業務上の不注意（ミス）が散見されるとしても、実際にはこころの病に気づかずに就労して、そのような結果となっている可能性も否定できません。こういった場合に、能力不足や協調性の欠如を理由に普通解雇や懲戒処分を行った場合、その有効性が争われ、不法行為により損害賠償責任を求められる可能性がある点には注意する必要があります。このような場合には、労働者の就業状況や日ごろの言動・態度等について上司や周囲の同僚等からヒアリングし、労働者の問題行動について多角的かつ客観的な分析を行い、その原因として、こころの病が疑われたときは、専門医や自社の産業医等への受診を促すなどすることが肝要です。

　いずれにしても、本人の言い分や外見上の問題行動だけで即断するのではなく、医師の診断書や産業医等の意見を踏まえた客観的な資料や情報に基づき、療養が必要かどうかを見極め、療養が必要と判断される場合には休職を検討することが望ましいといえるでしょう。

4 休職の発令と労働者への説明

　就業規則や労使の合意に基づき休職を命じる場合、後の紛争を防止する観点から、休職時の取り扱いについて、次のような書面により対象労働者に通知した上で、説明することが考えられます。

✓ 休職通知書の例

　　　　　　　　　　　　　　　　　　　　　　　　○○年○○月○○日
○○○○殿

　　　　　　　　　　　　　　　　　　　　　　　株式会社○○○○
　　　　　　　　　　　　　　　　　　　　　　　　人事部長

　　　　　　　　　　　　　　　　休職通知書

1　休職の事由
　・就業規則○条○号による○○○のため

2　休職期間
　・○○年○○月○○日から○○年○○月○○日まで

3　休職時の確認事項
　・休職時の賃金、社会保険料の取り扱い
　・休職中に遵守すべき事項（例：診断書の提出、主治医への照会の同意
　　等の協力、服務規律の遵守、兼業副業禁止、復職時の手続き等）
　・休職期間満了時の取り扱い　等

Q 休職満了となる前にしておくべきことは何か

1 復職の判定方法

　私傷病休職の場合において、労働者から復職したい旨の申し出があったときは、まずは、「復職可能」との主治医による診断書を提出させることがスタートとなります。

　もっとも、主治医が復職可能と判断したとしても、必ずしも、労働者が休職前の職務遂行に耐えられる程度に回復しているとは限りません。というのも、主治医は、労働者の業務に精通しているわけではなく、日常生活における症状の回復の程度によって職場復帰の可能性を判断していることが多いからです。特に精神疾患の場合には、休職期間満了が近づいてきたことを理由に、本人からの要請に基づき診断書が出されることもままあるため、実際に従前の業務に耐えられるほどに回復しているかどうかは慎重に判断する必要があります。

　復職できるほどに症状が回復していないにもかかわらず、労働者を復職させた場合に、症状が増悪して再発することになれば、会社の安全配慮義務違反が問題となる可能性がありますし、本人の職業生活やキャリア形成はもちろん、受け入れる職場の体制にも支障が生じることにもなりかねません。

　そこで、会社としては、主治医の診断書に加えて、次表のように措置を講じて、精度の高い復職判定を行うことが望ましいでしょう。

✓ 復職判定に関連して講じる措置の例

①主治医と連携して産業医等から意見を聴取する	あらかじめ対象労働者の同意を得て、主治医から医療情報（※）について提供を受けた上で、産業医や会社の指定する医師から復職の可否や復職後の就労上の配慮事項について意見を聴取する ※発症から初診までの経過、治療経過、現在の健康状態（業務に影響を与える症状や薬の副作用の可能性等を含む）、就業上の配慮に関する意見（時間外労働、出張や異動等の制限、疾患の再燃、再発防止のために必要な注意事項等を含む）
②復職の可否の判断基準の明確化	例えば次のように、復職の可否の判断基準を明確にしておく ・労働者が十分な意欲を示している ・通勤時間帯に一人で安全に通勤ができる ・決まった勤務日、時間に就労が継続して可能である ・業務に必要な作業ができる ・作業による疲労が翌日までに十分回復する ・適切な睡眠覚醒リズムが整っている、昼間に眠気がない ・業務遂行に必要な注意力・集中力が回復している　等
③リワークプログラムや試し出勤制度の活用	リワークプログラムや試し出勤制度（模擬出勤や通勤訓練を含む）を活用して、その結果に基づき、従前の業務遂行に耐えられるかどうかを見極める。なお、本制度は、復職の可否を判断するためのものであるため、当該期間中の待遇（賃金の有無・内容、労災保険非適用等）については、あらかじめ明確にして、対象者に説明しておく必要がある

資料出所：厚生労働省・独立行政法人労働者健康安全機構「心の健康問題により休業した労働者の職場復帰支援の手引き」

② 休職満了時の取り扱い

休職期間満了時までに復職できない場合は、就業規則等に基づき、自然退職または解雇を検討することになります。前者の場合には、解雇のように会社の一方的な意思表示によるものではありませんので、会社が対象労働者に対し労働契約を解約する旨を通知する必要はありません。

とはいえ、休職前の業務を通常行える程度に症状が回復していないことを理由に、直ちに自然退職・解雇しても無効と判断される可能性があることには留意する必要があります。

　過去の裁判例では、休職前の業務でなくとも現実に配置可能な業務がある場合（ただし、職種や業務内容を特定せずに雇用契約を締結している労働者）や、復職直後は不完全な復職であっても短期間（2〜3ヵ月程度）で完全復職可能と推測できる場合に、すぐに契約解消の措置を取ることは否定的に解されています。

　したがって、これらの場合には自然退職や解雇は慎重に検討する必要があるといえるでしょう。

賃金

Q 「賃金」とは何か

1 賃金

　労基法は、「賃金」についてさまざまな規制を設けています。例えば、国籍、信条、社会的身分や性別を理由として「賃金」について差別をすることは許されません。それでは、この「賃金」とは、具体的に何を指すのでしょうか。

　労基法上、賃金とは、賃金、給料、手当、賞与等、名称が何であれ、①労働の対償として、②使用者が労働者に支払うすべてのものをいうとされています。

　まず、①労働の対償といえるかについては、実務上、緩やかに考えられており、就業規則等において支給基準が明確化されていれば、基本的に「賃金」と見てよいでしょう。労働の対償性が否定されるのは、(i)支払いの可否や額の決定がもっぱら使用者の裁量に委ねられている任意・恩恵的給付、(ii)使用者が労働者の福利厚生のために負担する福利厚生給付、(iii)業務遂行のために使用者が本来負担すべき業務費用などに限られます。

　また、②使用者が労働者に支払うという意味では、例えば、客が労働者に対し直接支払うチップは賃金に当たりません。

　以上を前提に、あくまで一般論としてですが、会社から支給される主要な項目の賃金該当性は、次表のとおりに整理されます。

✔ 賃金に該当する／しない金員等

項目	賃金該当性	解説
月例賃金	○	通常、賃金規程などにおいて支給基準が明確化され、使用者から労働者に対し支払われており、賃金に当たる
賞与・退職金・慶弔見舞金	△	賃金規程・退職金規程・慶弔見舞金規程などにおいて支給基準が明確化されているものであれば賃金に当たるが、支払いの可否や額の決定がもっぱら使用者の裁量に委ねられた任意・恩恵的給付であれば賃金には当たらない
食事の供与	原則として×	①食事の供与のために賃金の減額を伴わないこと、②食事の供与が就業規則等に定められ、明確な労働条件の内容となっている場合でないこと、③食事の供与による利益の客観的評価額が、社会通念上、僅少なものと認められるものであることの3要件を満たす場合は、福利厚生給付であり、賃金には当たらない（昭30.10.10基発644）
生命保険料補助金	原則として×	労働者が自己を被保険者として生命保険会社等と任意に保険契約を締結したときに企業が保険料の補助を行う場合、その保険料補助金は、福利厚生給付であり、賃金には当たらない（昭63.3.14　基発150・婦発47）
旅費、役職員交際費等の実費相当額	×	業務遂行のために使用者が本来負担すべき業務費用であり、賃金には当たらない（昭26.12.27基収6126）
ストック・オプション	×	ストック・オプション制度では、権利を付与された労働者が権利行使を行うか否か、また、権利行使するとした場合において、その時期や株式売却時期をいつにするかを労働者が決定することから、この制度から得られる利益は、それが発生する時期および額ともに労働者の判断に委ねられているため、労働の対償ではなく、賃金には当たらない（平9.6.1　基発412）

2 平均賃金

　「平均賃金」は、解雇予告手当や休業手当、有給休暇日について支払うべき金額などの計算に使用されます。平均賃金の求め方も、労基法に定められています。

　「平均賃金」とは、原則として「これを算定すべき事由の発生した日以前3ヵ月間にその労働者に対し支払われた賃金の総額（臨時に支払われた賃金等を算入しない）を、その期間の総日数で除した金額」、平たく言えば、過去3ヵ月間に賞与等を除いて1日当たりに支給された賃金額を指すものです。

Q 賃金支払いの5原則とは何か

1 賃金支払いの5原則

　労基法は、賃金を①通貨で、②直接労働者に、③全額を、④毎月1回以上、⑤一定の期日を定めて支払わなければならないと規定しています（労基法24条）。

　これが賃金支払いの5原則といわれています。

2 例外

　ただし、賃金支払いの5原則にも例外はあり、それらは次の表のとおりに整理されます。

✓ 賃金支払いの5原則と例外

原則	例外（原則を守らなくてもよい場合）
通貨払いの原則 賃金は「通貨で」支払わなければならない	①法令に別段の定めがある場合（ただし、現行法上、この「法令」に当たるものは存在しない） ②労働協約に別段の定めがある場合（労基法24条1項） ③労働者の同意がある口座振込の場合（労基法24条1項、労基則7条の2） ④（退職手当について）一定の要件を満たす小切手・郵便為替の場合（労基法24条1項、労基則7条の2） ※通貨とは日本円を指す
直接払いの原則 賃金は「直接労働者に」支払わなければならない	①使者に対する支払いの場合（昭63.3.14　基発150・婦発47） ②賃金債権の差し押さえがある場合（ただし、差し押さえ限度額がある〔国税徴収法76条、民事執行法152条〕） ※代理人への支払いは禁止 ※判例上、実質的に賃金債権の譲渡は認められていない

全額払いの原則 賃金は「全額を」支払わなければならない	①法令に別段の定めがある場合（源泉徴収、社会保険料控除、財形貯蓄金控除等） ②労使協定の定めがある場合 ※労働契約上、控除を行うためには、別途労働協約もしくは就業規則に控除の根拠規定を設けるか、または対象労働者の同意を得ることが必要 ③労働者による一方的相殺の場合 ④調整的相殺（過払い賃金の精算）の場合 相殺が過払いの時期から合理的に接着した時期においてなされ、かつ、労働者の経済生活の安定をおびやかすおそれのないときには、許容される ⑤合意相殺の場合 厳格かつ慎重な認定の下で、労働者の同意が、自由な意思に基づいてされたものであると認めるに足りる合理的な理由が客観的に存在するときには、許容される ⑥賃金債権放棄の場合 労働者の自由な意思に基づいてされたものであることが明確であるときには、許容される
毎月払いの原則 賃金は「毎月1回以上」支払わなければならない	賞与等については、毎月払いを行う必要はない
一定期日払いの原則 賃金は「一定の期日を定めて」支払わなければならない	賞与等については、一定期日払いを行う必要はない

従業員が自ら欠勤した場合や会社が休業した場合には、賃金は支払わなくてもよいか

1 ノーワーク・ノーペイの原則

　賃金は労務提供の対価であり、労働者の意思で労務の提供がなされない場合は、賃金も支払われないのが当然です。これを「ノーワーク・ノーペイの原則」といいます。具体的には、労働者が自ら欠勤・遅刻・早退したような場合は、使用者は、それに相当する賃金を支払う必要はないということになります。

2 使用者の責に帰すべき事由による休業の場合

[1] 労基法 26 条（休業手当）

　労基法上、「使用者の責に帰すべき事由による休業の場合」には、ノーワーク・ノーペイの原則は適用されず、使用者は、労働者に対し、休業期間中、平均賃金の 60％以上の手当を支払わなければなりません。ここでいう休業とは、労働契約上労働義務ある時間について労働をなし得なくなることであり、たとえ一日のうちの一部の休業であっても、その日について平均賃金の 60％以上が支払われる必要があるため、一部労働分の賃金額がこの基準に満たない場合には差額を支払う必要があります。

[2] 民法 536 条 2 項

　他方、民法 536 条 2 項によれば、「債権者（使用者）の責めに帰すべき事由によって（労働者の）債務を履行することができなくなったとき」、使用者は賃金支払いを拒むことができないとされています。例えば、違法な解雇の場合がこれに当たります。労働者が働かずとも、働く意思と能力を保持している限り、使用者は賃金の 100％を支払わなければなりません。

[3] 労基法 26 条（休業手当）と民法 536 条 2 項の関係

以上のとおり、「使用者の責めに帰すべき事由」による手当等の支払いには、労基法 26 条と民法 536 条 2 項の二つの定めがあり、どちらを適用するかは、事案によって異なります。伝統的な解釈では、民法 536 条 2 項には、故意や過失・信義則上これと同視すべき事由（前出の違法解雇等）が当てはまり、労基法 26 条には、民法 536 条 2 項に含まれない経営・管理上の障害なども含まれると考えられてきました。例えば、親会社からの資材資金の供給を受けて事業を営む下請工場において、親会社が経営難のため資材資金の獲得に支障を来して休業した場合などが、民法 536 条 2 項の帰責事由には当たらないものの、労基法 26 条の帰責事由には当たるものといえるでしょう。

なお、労基法 26 条の帰責事由にも含まれないのは、天災地変などの不可抗力の場合に限られます。

③ 従業員が自ら欠勤した場合／会社が休業した場合の賃金

従業員が自ら欠勤した場合や会社が休業した場合の賃金支払いの要否を、次表のとおり整理しました。

✓ 従業員が自ら欠勤した場合・会社が休業した場合の賃金

区分	従業員が自ら欠勤した場合	会社が休業した場合		
賃金支払い	不要	休業が不可抗力によるとき	休業が、使用者側に起因する経営・管理上の障害によるとき	休業が、使用者の故意、過失または信義則上これと同視すべき事由によるとき
		不要	60％必要	100％必要

148

企業が採用する「賃金制度」には
どのようなものがあるか

1 賃金

　「賃金」は、毎月支給される賃金（月例賃金）と特別に支給される賃金（賞与や退職金等）とに分けることができます。前者は、基本給と諸手当から成る所定内賃金と、所定外労働に対し支払われる所定外賃金（時間外手当、休日手当、深夜手当等）とに、さらに区分することができます。このうち基本給は、定額給（典型的には月給制）、出来高に応じて定まる出来高給（歩合給）、あるいはこれらを併用するなどの形で定められるのが通常です。

　定額給については、多くの企業で年功的賃金制度から成果主義的賃金制度への転換が見られているところです。ここでは、これらの賃金制度という観点から説明します。

2 年功的賃金制度

[1] 年齢・勤続給

　伝統的に、日本企業の正規労働者の賃金は、年齢・勤続年数に応じて賃金額が上昇する年功的賃金制度を主要モデルとしてきました。

　日本の長期雇用システム（終身雇用制）における人事管理においては、年齢・勤続年数と技能（熟練）・貢献度とが基本的に比例するため、年齢・勤続給が合理的制度であったのです。年齢・勤続給制の下、賃金額は年齢・勤続年数等に応じて定められ、毎年定期的に引き上げられてきました（定期昇給）。

[2] 職能給

　もっとも、年齢・勤続給によっては、労働者の意欲、能率、成績等が

賃金額に反映されません。そこで、これらの違いをもたらす能力の違いを賃金に反映させるべく広まっていったのが、職能給です。

　職能給とは、職務遂行能力が種別（資格：例えば、一般職・中級職・上級職など）とその中でのランク（級：例えば、一般職は1〜3級・中級職は4〜6級・上級職は7〜9級など）に序列化されていることを前提に、当該資格・級に対応して額が定められた基本給をいいます。資格の上昇としての昇格と、級の上昇としての昇級とは、上司の人事考課（査定）によって決められるので、同じ年齢・勤続年数等でも、昇格・昇級に差異が生じ、基本給に差がつくことになりました。こうして企業は、能力主義を意図して、従来の年齢・勤続給の一部をこの職能給に組み替えていきました。

　しかし、職能給制度の実際においては、昇格・昇級は、年齢・勤続年数を主要な基準として年功的に運用されてきました。つまり、職能給制度は、年齢・勤続給のように純然たる年功的賃金制度ではないものの、基本的には年功的に上昇していくものとして取り扱われていったのです。

③ 成果主義的賃金制度

　上記のように、日本においては、伝統的に年功的賃金制度が維持されてきたものの、バブル経済崩壊後の長期経済低迷とグローバル競争時代の到来の中で、成果主義的賃金制度への組み替えが行われるようになりました。

[1] 職務等級制

　職務等級制とは、典型的には、各職務の内容や難易度、責任の度合いを明確化し、職務ごとに等級（グレード）を付し、当該等級ごとに賃金額の最高値・中間値・最低値による給与範囲（レンジ）を設定する制度です。各等級においてレンジを設けることにより、同じ等級の中でも各人の給与の額を各年の貢献度の違いを踏まえ差別化できることになります。

職務等級制において各人の給与を決する職務等級への格付け（昇級・現級維持・降級）と各等級の給与範囲内での具体的な給与額の決定は、担当する職責の大きさ（ジョブサイズ）と職務遂行能力発揮度・業績目標達成度の評価等によって行われ、年功的要素（年齢・勤続年数等）は考慮されません。

[2] 役割等級制

　もっとも、長期雇用システムを採用する日本企業では、賃金は年齢や職務遂行能力などの属人的要素を基準として定められ、職務については明確に定義することなく従業員の配置を柔軟に行って人材の育成・活用を図ってきたのであって、職務概念を基本とする職務等級制との親和性は必ずしも高くありません。

　そこで、特定の職務ではなく従業員が果たすべき役割を設定し等級化するとともに、当該等級ごとに給与範囲（レンジ）を設定する「役割等級制」が近時広まりつつあります。役割等級の決定やレンジ内の給与額の決定は、各自の各期目標達成度や能力発揮度を評価して行われることになります。

[3] 年俸制

　以上の職務等級制・役割等級制への移行は、通常、全社的に行うものですが、上級管理職や高度専門職に限定した成果主義的賃金制度としては、年俸制の導入も見られます。

　年俸制とは、賃金の全部または相当部分を労働者の業績等に関する目標の達成度を評価して年単位に設定する制度です。年俸制は、労働時間に応じた賃金という考え方となじまない一方、「固定残業代の導入方法」（158ページ）で述べるとおり、一般従業員については年俸制を採用したからといって時間外手当の支払いを免れるわけではないため、上級管理職や高度専門職などのみを対象とするのが一般的な取り扱いです。

Q 賃金引き下げはどのような場合にできるか

1 賃金引き下げの方法

　賃金は、労働条件の一つであるため、①労使双方の個別合意、②労働協約の締結、③就業規則の変更によって労働条件を変更することなどにより、その内容を変更させる余地はあります。ただし、以下の点について留意する必要があります。

2 労使双方の個別合意

　労使双方の個別合意によって労働条件を変更することは、合意原則に基づいて当然に可能です。ただし、労働協約と相反している場合には合意は無効となることや、合意内容が就業規則の定める労働条件を下回っている場合にも、就業規則の最低基準効により合意が無効となることは、「労基法や就業規則、労働契約、労働協約に定められている内容は、どれが優先的に適用されるか」（47ページ）において述べたとおりです。

　また、特に賃金や退職金に関する労働条件の変更については、その重要性に鑑み、同意が自由な意思に基づいてされたものと認めるに足りる合理的な理由が客観的に存在することが必要と考えられていることに留意が必要です。

3 労働協約の締結

　労働協約の締結による変更の場合は、原則として組合員に適用されますが、手続き上の瑕疵があるときなど組合員にも適用されない場合や、組合員以外に拡張適用される場合（労組法17条）もあります。詳細は「労使協定と労働協約はどう違うか」（55ページ）を参照ください。

4 就業規則の変更

就業規則の変更による場合は、その内容が合理的であることが必要となります（49ページ「就業規則の変更により、従業員の不利になる内容に労働条件を変更する際の留意点とは」参照）が、変更される労働条件が賃金、退職金など労働者にとって重要な権利や労働条件である場合には、「高度の必要性に基づいた合理的な内容のもの」であることが要求されることに留意が必要です。

5 その他

[1] 人事権の行使としてなされる降格による賃金の引き下げ

人事権の行使としてなされる降格（職位や等級を下の位置へ引き下げること）による賃金の引き下げを行うためには、基本的には就業規則（賃金規程等）に定められた賃金の体系と基準に沿うことが必要です。特に、典型的な職能資格制度では、一度得た能力が消滅するとは考えられないことから、降格は本来的には予定されていないため、軽易業務等への配置転換等があっても当然に降格（賃金の引き下げ）ができるものではなく、その場合は、就業規則上の明確な根拠と相当の理由が必要となることに留意が必要です。

一方、職務等級制度や役割等級制度における等級の引き下げとそれに伴う賃金の引き下げは、制度上想定されているといえ、職能資格制度における降格よりは認められる幅が広く解されています。もっとも、裁判例の中には、担当職務等の変更による等級の変更であっても、就業規則等の根拠規定や本人の個別同意がないまま賃金を引き下げることはできないとしているものもあり、慎重な対応が必要です。

詳細は「『降格』を行う場合の留意点」（217ページ）を参照ください。

[2] 懲戒処分としての降格による賃金引き下げ

懲戒処分としてなされる降格には、他の懲戒処分と同じく、①懲戒処

分の根拠規定の存在、②懲戒事由への該当性、③懲戒処分が社会通念上相当であることが必要です。詳細は「懲戒処分」（269 ページ）を参照ください。

[3] 年俸制の場合の賃金額の決定

年俸制は、「企業が採用する『賃金制度』にはどのようなものがあるか」（149 ページ）において述べたとおり、本人の業績等によって翌年度の賃金額を設定する制度であり、時に、使用者と労働者の間で賃金額の合意が成立しないことがあります。その場合、①年俸額決定のための成果・業績評価基準、②年俸額決定手続き、③減額の限界の有無、④不服申し立て手続き等が制度化されて就業規則等に明示され、かつ、その内容が公正な場合に限り、使用者に一方的な年俸額決定権が認められると解されています。したがって、年俸制を導入する場合には、これらの要件を満たした制度設計を行い、就業規則として明示しておくことが必要です。

Q 割増賃金の計算方法

1 割増賃金の種類と割増率の基本

割増賃金の種類とその割増率は、以下のとおりです。

種類	支払う条件	割増率
時間外労働 （時間外手当・ 残業手当）	法定労働時間（1日8時間・週40時間）を超えたとき	25％以上
	時間外労働が限度時間（1カ月45時間、1年360時間等）を超えたとき	25％以上[注1]
	時間外労働が1カ月60時間を超えたとき	50％以上[注2]
休日労働 （休日手当）	法定休日（週1日）に勤務させたとき	35％以上
深夜労働 （深夜手当）	22時から5時までの間に勤務させたとき	25％以上

資料出所：東京労働局「しっかりマスター労働基準法　割増賃金編」
［注］　1　25％を超える率とするよう努めることが必要。
　　　　2　中小企業については、2023年4月1日から適用。

　例えば、所定労働時間が午前9時から午後5時（休憩1時間）までの場合に、午前9時から翌午前5時まで働いたときの割増賃金は、次のとおりに計算されます。

・法定時間内残業　　　　　：17:00〜18:00 ➡1時間当たりの賃金×1.00×1時間
・法定時間外残業　　　　　：18:00〜22:00 ➡1時間当たりの賃金×1.25×4時間
・法定時間外残業＋深夜労働：22:00〜 5:00 ➡1時間当たりの賃金×1.50（1.25＋0.25）×7時間

この例のように、所定労働時間が8時間を下回る使用者においては、所定労働時間外であり法定労働時間内である労働時間（法定時間内残業）が生じ得ます。これについては、法定労働時間内であるため、労基法に基づく割増率の適用を受けません。しかしながら、使用者の賃金規程などで、法定時間内残業についても1.25倍の賃金を支払うことにしている例は一般に見られ、そのような定めがある場合には、使用者・労働者間の契約上の義務として、法定時間内残業についても1.25倍の割増率による賃金支払義務が使用者に生じることになります。

　また、法定休日において午前9時から午後12時（休憩1時間）まで働いた場合の割増賃金は、次のとおりです。

・休日労働　　　　　：9:00〜22:00 ➡1時間当たりの賃金×1.35×12時間
・休日労働＋深夜労働：22:00〜24:00 ➡1時間当たりの賃金×1.60(1.35＋0.25)×2時間

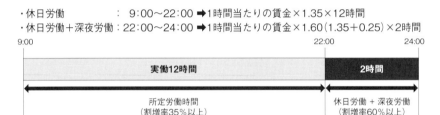

2 実際の割増賃金の計算

　上記の割増賃金計算において、算定の基礎となるのが1時間当たりの賃金です。これは、通常の月給制の場合、「月給÷1年間における1カ月平均所定労働時間」により計算されます。

　ここでいう「月給」には、家族手当・扶養手当・子女教育手当、通勤手当、別居手当・単身赴任手当、住宅手当、臨時の手当を含みません。ただし、これらを、扶養家族の人数や交通費、家賃・ローン月額などにかかわらず一律支給している場合は月給に含めなければなりません。

　例えば基本給23万5000円、皆勤手当8000円、家族手当2万円、通勤手当1万5000円、年間所定休日122日、1日の所定労働時間が8時間

の場合、1時間当たりの賃金は、次のとおりに計算されます。

$$\frac{\overset{\text{1年間の所定労働日数}}{(365-122)} \times \overset{\text{1日の所定労働時間}}{8}}{12} = 162時間$$

…… 1年間における1ヵ月平均所定労働時間

$$\overset{\text{基本給＋皆勤手当}}{243,000} \div \overset{\substack{\text{1年間における}\\\text{1ヵ月平均所定労働時間}}}{162} = 1,500円$$

…… 1時間当たりの賃金

固定残業代の導入方法

1 固定残業代とは

　一定時間分の時間外労働、休日労働、深夜労働に対して定額で支払われる割増賃金を「固定残業代」といいます。固定残業代は、「割増賃金の計算方法」（155 ページ）で示した労基法所定の計算による割増賃金額を下回らない額となる限りは適法となり得ます。ただし、労基法所定の金額が支払われているか否かを判定できるように、通常の労働時間の賃金部分と割増賃金相当部分とを区別できることが必要と考えられています。

　具体的には、㋐基本給と明確に区分されていること（明確区分性）、㋑割増賃金の対価という趣旨で支払われていること（対価性）、㋒固定残業代を超える割増賃金について差額を支払う旨の合意（差額支払い合意）があることが、固定残業代適法性判断の考慮要素と解釈されています。

2 具体的な記載例

　行政解釈においても、固定残業代を採用する場合には、募集要項や求人票などに、①固定残業代を除いた基本給の額、②固定残業代に関する労働時間数と金額等の計算方法、③固定残業時間を超える時間外労働、休日労働、深夜労働に対して割増賃金を追加で支払う旨をすべて明示することが求められており、厚生労働省より、次ページのような固定残業代の記載例が公開されています。

　この記載は、固定残業代である□□手当と基本給とを、①△△円・××円という金額と、〇時間という時間とで区分（明確区分性）するとともに、②〇時間分の時間外手当という趣旨を明示し（対価性）、かつ、③〇時間を超える時間外労働についての割増賃金は追加で支給する旨を定めた（差額支払い合意）もので、上記㋐〜㋒の要素をすべて満たします。このような抜けのない記載により固定残業代を定めることが、実務上重

✓ **時間外労働について固定残業代制を採用している場合の記載例**

①基本給（××円）（②の手当を除く額）

②□□手当（時間外労働の有無にかかわらず、○時間分の時間外手当として△△円を支給）

③○時間を超える時間外労働分についての割増賃金は追加で支給

【注意点】※「□□」には、固定残業代に該当する手当の名称を記載します。

※「□□手当」に固定残業代以外の手当を含む場合には、固定残業代分を分けて記載してください。

※深夜労働や休日労働について固定残業代制を採用する場合も、同様の記載が必要です。

資料出所：厚生労働省「固定残業代を賃金に含める場合は、適切な表示をお願いします。」

要になります。

③ 留意点

ただし、固定残業代が予定する残業時間数があまりに多い場合にその合意の有効性が争われた裁判例や、36協定が存在しない以上、時間外労働の前提を欠くとして固定残業代の効力そのものを否定した裁判例も存在します。したがって、前記②で示した記載例のように要件を満たすことに加えて、残業時間数を過大にしないことや、36協定を適切に締結・届け出をすることにも気を配る必要があります。

④ 年俸制・歩合制に関する留意点

年俸制（労働者の業績等に関する目標の達成度を評価して賃金を年単位に設定する制度）や歩合制（売り上げに対して○％というように賃金を一定の成果を基に定める制度）を採用した場合に、時間外手当を支払う必要がないという誤った考え方がよく見られます。「時間外手当・休日手当を支払わなくていい管理監督者とは何か」（161ページ）で説明する管理監督者などを除いて、労基法で定める労働時間を超えて労働させる

場合は、時間外労働として割増賃金を支払わなければなりません。管理監督者でない場合でも、例えば、年俸額に一定の固定残業代を含めることにより、（実際の時間外労働が、あらかじめ設定した残業時間を超えない限り）実質的に年俸を固定額とするなどの設計も可能です。

　しかしながら、それは年俸制だから時間外手当の支払いが不要なのではなく、時間外手当は発生しているものの、それが固定残業代により支払われているにすぎないことに留意する必要があります。

Q 時間外手当・休日手当を支払わなくていい管理監督者とは何か

1 管理監督者とは

　使用者は、「監督若しくは管理の地位にある者」に該当する労働者に対しては、時間外手当・休日手当を支払う義務を負いません。この「監督若しくは管理の地位にある者」を一般に「管理監督者」といい、多くの企業は一定の資格・職位以上の従業員を管理監督者として、時間外手当・休日手当の支給対象外としています。

　この管理監督者に該当するかどうかは、資格や職位の名称にとらわれず、実態に即して判断すべきで、具体的には、①事業主の経営に関する決定に参画し、労務管理に関する指揮監督権限を認められていること（職務内容、責任と権限）、②自己の出退勤をはじめとする労働時間について裁量権を持っていること（勤務態様）、③一般の従業員と比べて、その地位と権限にふさわしい賃金（基本給、手当、賞与）を与えられていること（賃金等の待遇）を総合考慮するべきと解されています。

2 具体的な判断要素

　特に小売業、飲食業等のチェーン店店舗については、店長等に十分な権限や相応の待遇等が与えられていないにもかかわらず、管理監督者として取り扱われる事案が散見され、社会問題化しました（いわゆる名ばかり管理職）。これを受け、行政解釈は、このような店長等の管理監督者該当性の判断に当たって特徴的な要素を、次ページの表のとおり示しました。

　これらは、特に小売業、飲食業等のチェーン店店舗店長等の場合に妥当するものですが、一般の会社における管理監督者該当性の判断においても参考になります。

一般的 判断要素		具体的判断要素	評価
職務内容、 責任と権限	採用	店舗に所属するアルバイト・パート等の採用（人選のみを行う場合も含む）に関する責任と権限が実質的にない場合	管理監督者性を否定する重要な要素
	解雇	店舗に所属するアルバイト・パート等の解雇に関する事項が職務内容に含まれておらず、実質的にもこれに関与しない場合	管理監督者性を否定する重要な要素
	人事考課	人事考課の制度がある企業において、その対象となっている部下の人事考課に関する事項が職務内容に含まれておらず、実質的にもこれに関与しない場合	管理監督者性を否定する重要な要素
	労働時間の管理	店舗における勤務割表の作成や所定時間外労働の命令を行う責任と権限が実質的にない場合	管理監督者性を否定する重要な要素
勤務態様	遅刻,早退等に関する取り扱い	遅刻、早退等により減給の制裁、人事考課での負の評価など不利益な取り扱いがされる場合[注]	管理監督者性を否定する重要な要素
	労働時間に関する裁量	営業時間中は店舗に常駐しなければならない、アルバイト・パート等の人員が不足する場合にそれらの者の業務に自ら従事しなければならないなどの事情によって長時間労働を余儀なくされている場合のように、実際には労働時間に関する裁量がほとんどない場合	管理監督者性を否定する補強要素
	部下の勤務態様との相違	管理監督者としての職務も行うが、会社から配布されたマニュアルに従った業務に従事しているなど労働時間の規制を受ける部下と同様の勤務態様が労働時間の大半を占めている場合	管理監督者性を否定する重要な要素

賃金等の待遇	基本給や役職手当等の優遇措置	基本給や役職手当等の優遇措置が、実際の労働時間数を勘案した場合に、割増賃金の規定が適用除外となることを考慮すると十分でなく、当該労働者の保護に欠けるおそれがあると認められる場合	管理監督者性を否定する補強要素
	支払われた賃金の総額	1年間に支払われた賃金の総額が、勤続年数、業績、専門職種等の特別の事情がないにもかかわらず、他店舗を含めた当該企業の一般労働者の賃金総額と同程度以下である場合	管理監督者性を否定する補強要素
	時間単価	実態として長時間労働を余儀なくされた結果、時間単価に換算した賃金額において、店舗に所属するアルバイト・パート等の賃金額に満たない場合。特に、当該時間単価に換算した賃金額が最低賃金額に満たない場合は、管理監督者性を否定する極めて重要な要素となる	管理監督者性を否定する重要な要素

［注］管理監督者であっても過重労働による健康障害防止や深夜業に対する割増賃金の支払いのために労働時間の把握・管理が行われることから、これらの観点から労働時間の把握や管理を受けていることそのものは管理監督者性を否定する要素とはならない。

③ 留意点

　①で記載のとおり、管理監督者に該当する場合、時間外手当や休日手当の支払いは不要ですが、深夜手当の支給は必要になります。また、年休も一般労働者と同様に付与する必要があります。さらに、長時間労働によって健康を害した場合などは一般労働者と同じように使用者の安全配慮義務の不履行について責任追及がなされ得ます。管理監督者に該当する場合でも、長時間労働を積極的に行わせてよいわけではありませんので、留意が必要です。

賃金に関する特別なルールとは何か

　賃金に関しては、ほかに以下のような特別のルールがあります。

[1] 賃金の非常時払い
　使用者は、労働者が出産、疾病、災害等非常の場合の費用に充てるために請求する場合、支払い期日前であっても、既に行われた労働に対する賃金を支払わなければなりません。

[2] 出来高払いの保障給
　出来高払い制その他の請負制で使用する労働者については、使用者は、労働時間に応じ一定額の賃金の保障をしなければなりません。

[3] 最低賃金
　使用者は、労働者に最低賃金額以上の賃金を支払う義務を負い、これに違反した場合には刑罰が科され得ます。また、最低賃金額に達しない労働契約は、その部分については無効となり、代わりに最低賃金と同様の定めをしたものとみなされます。

　なお、使用者は、労働局長の許可を受けることにより、精神・身体障害者や、試用期間中の者、職業訓練を受ける者、軽易な業務に従事する者等について、最低賃金の減額の特例を受けることができます。

[4] 未払賃金の立替払制度
　未払賃金の立替払制度とは、企業が倒産したことに伴い、賃金が支払われないまま退職した労働者に対し、国が企業に代わって未払賃金の一部を立替払いする制度です。

　国は、事業主が法律上倒産した場合や、中小企業の事業活動が停止し

て再開の見込みがなく支払い能力のないことが労働基準監督署長により認定された場合に、退職労働者の請求に基づき、未払賃金の一定部分の立替払いを行います。

[5] 時効等（2020年4月1日施行）

　労基法の時効等に関する規定が、2020年4月1日を施行日として、改正されました。

✓ 改正労基法における時効等

項目	改正前	改正後	経過措置
賃金請求権	2年	5年	当分の間は3年
付加金	2年	5年	当分の間は3年
賃金台帳の保存義務等	3年	5年	当分の間は3年

　特に賃金請求権の時効期間の延長は、会社の未払賃金負担を増大させる、実務的影響が大きいものです。ただし、経過措置として、2020年4月以降に賃金支払日が到来する賃金債権についてのみ、新たな消滅時効期間を適用することとされているため、実際に2年分を超える未払賃金請求が可能となるのは、2022年4月以降です。

　なお、退職手当（5年）、災害補償、年休等（2年）の請求権は、旧法下の消滅時効期間が維持されました。

「年末調整」とは何か

1 年末調整とは

　給与の支払者は、毎月（毎日）の給与の支払いの際に所定の源泉徴収税額表によって所得税・復興特別所得税の源泉徴収をすることになっていますが、その源泉徴収をした税額の1年間の合計額は、給与の支払いを受ける人の年間の給与総額について納めなければならない税額（年税額）と一致しないのが通常です。この一致しない理由としてはさまざまなものがありますが、主要なものとしては、①源泉徴収税額表は、年間を通して毎月の給与の額に変動がないものとしてつくられているところ、実際は年の中途で給与の額に変動があること、②年の中途で控除対象扶養親族の数などに異動があっても、その異動後の支払い分から修正するだけで、さかのぼって各月の源泉徴収税額を修正するとされていないこと、③生命保険料や地震保険料の控除などは、年末調整の際に控除するとされていることなどが挙げられます。

　このような不一致を精算するため、1年間の給与総額が確定する年末に、その年に納めるべき税額を正しく計算し、それまでに徴収した税額との過不足額を求め、その差額を徴収または還付し精算することを「年末調整」と呼んでいます。

2 年末調整の手順

　年末調整は、次ページののような手順で行います。各手順の詳細は、国税庁が毎年公表している「年末調整のしかた」を参照ください。

✓ 年末調整の手順

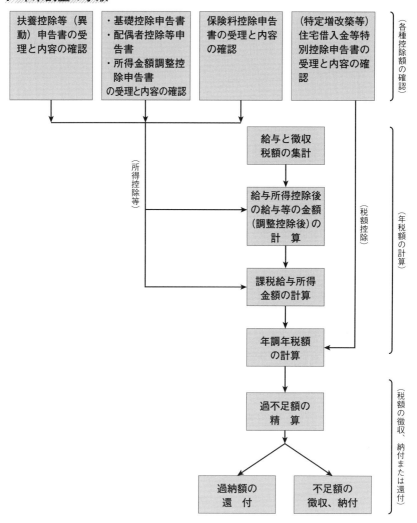

資料出所：国税庁「令和2年分 年末調整のしかた」を基に一部加工

③ 国税庁 WEB サイト

　国税庁の WEB サイト「年末調整がよくわかるページ」には、前記「年末調整のしかた」や年末調整の手順等を解説した動画、年末調整時に必要な各種申告書などがまとまっています。年末調整の際にはぜひ参照ください。

社会保険・企業年金

社会保険・労働保険とは何か。
どの範囲の従業員が適用対象になるのか

1 社会保険・労働保険とは

　一定の要件を満たす労働者に関し、会社が加入することを義務づけられている保険制度として、下の表のものが設けられています。これらの保険制度のうち、健康保険、介護保険、厚生年金保険を総称して「社会保険」といい、雇用保険、労働者災害補償保険（労災保険）を総称して「労働保険」といいます。

✔ 会社に加入義務のある保険制度

名称	内容	根拠法令
健康保険	労働者およびその被扶養者の業務災害以外の傷病・死亡・出産に対して必要な保険給付を行う制度	健康保険法
介護保険	加齢に伴い要介護状態等となり医療を要する者に対して必要な保険給付を行う制度（健康保険組合または協会けんぽが保険者となる健康保険とは異なり、介護保険は市町村が保険者となるが、健康保険組合または協会けんぽが健康保険料および介護保険料を一体徴収）	介護保険法
厚生年金保険	労働者の老齢・障害・死亡に対して必要な保険給付を行う制度	厚生年金保険法
雇用保険	労働者の失業等に対して必要な保険給付を行う制度	雇用保険法
労働者災害補償保険	業務上または通勤による労働者の傷病・障害・死亡等に対して必要な保険給付を行う制度	労働者災害補償保険法

2 社会保険・労働保険の被保険者の範囲

　社会保険・労働保険については、①保険の適用事業所に使用される労働者のうち、②保険が適用される要件（被保険者資格）に当てはまる労働者が保険給付の対象となる労働者（被保険者）となります。

名称	適用事業所	被保険者資格
厚生年金保険 健康保険 介護保険	①法人の事業所 ②常時5人以上の労働者を使用する個人の事業所（一部の種別の事業を除く） ③①②以外の事業所のうち、労働者の半数の同意および事業主の申請に基づき厚生労働大臣の認可を受けた事業所	原則：適用事業所に常時使用されるすべての労働者 例外：以下の労働者は被保険者とされない ①(i)〜(iii)の年齢等の要件に該当する者 　(i)70歳以上（厚生年金保険の場合） 　(ii)後期高齢者医療の被保険者等（健康保険の場合） 　(iii)40歳未満または65歳以上（65歳以上の場合は第1号被保険者となり、市町村が直接保険料を徴収）(介護保険の場合) ②日々雇い入れられる者（1カ月を超えて引き続き使用されるに至った場合はその日から被保険者となる） ③2カ月以内の期間を定めて使用される者（所定の期間を超えて引き続き使用されるに至った場合はその日から被保険者となる。2022年10月1日以降は、所定期間を超えて引き続き使用される見込みがある場合は当初から被保険者となる） ④所在地が一定しない事業所に使用される者 ⑤季節的業務に使用される者（継続して4カ月を超えて使用される予定である場合は当初から被保険者となる） ⑥臨時的事業の事業所に使用される者（継続して6カ月を超えて使用される予定である場合は当初から被保険者となる） ⑦1週の所定労働時間および1カ月の所定労働日数が通常の労働者（正社員等）の4

		分の3未満である者 ※4分の3未満であっても、(i)〜(v)をすべて満たす場合は被保険者となる (i)1週の所定労働時間が20時間以上 (ii)雇用期間が1年以上の見込み（2022年10月1日以降は廃止） (iii)賃金月額が8.8万円以上 (iv)学生でない (v)被保険者数が常時500人超（2022年10月1日以降は100人超、2024年10月1日以降は50人超）の事業所に勤務
雇用保険	労働者を雇用するすべての事業所	原則：適用事業所に雇用されるすべての労働者 例外：以下の労働者は被保険者とされない ①1週の所定労働時間が20時間未満の者 ②31日以上継続して雇用されることが見込まれない者 ③季節的に雇用される者のうち、次のいずれかに該当する者 (i)4カ月以内の期間を定めて雇用される者 (ii)1週の所定労働時間が20時間以上30時間未満の者 ④学生である者
労働者災害補償保険		適用事業所に雇用されるすべての労働者

社会保険・労働保険については
どのような手続きが必要か

社会保険・労働保険についての主な手続きを、以下にまとめました。

✓ 定期的に行う主な手続き

時期	厚生年金保険	健康保険	雇用保険	労働者災害補償保険
6月1日〜7月10日まで	—		・概算・確定保険料／一括拠出金申告書 ・労働保険料の一括納付（分割納付可）	
7月1日〜7月10日まで	被保険者報酬月額算定基礎届		—	
毎月末日まで	前月分社会保険料の納付		—	

✓ 一定の事由発生時に行う主な手続き（資格関係）

事由	厚生年金保険	健康保険	雇用保険	労働者災害補償保険
事業所関係				
設立時（適用事業所となったとき）	【5日以内】新規適用届・被保険者資格取得届（・被扶養者異動届）		【10日以内】適用事業所設置届 【翌月10日まで】被保険者資格取得届	【10日以内】保険関係成立届

		【50日以内】 ・概算保険料申告書 ・概算保険料の納付	
新規事業所開設時	設立時と同様 ※被保険者の身分関係、指揮監督、報酬の支払い等の人事管理を独立して行うものでなければ「事業所」には該当しないため、本社で人事管理を行う場合は通常不要	【10日以内】 ・（一括処理を希望しない場合）適用事業所設置届・被保険者資格取得届 【速やかに】 ・（一括処理を希望する場合）事業所非該当承認申請書	【10日以内】 ・保険関係成立届 ・（一括処理を希望する場合）継続事業一括認可・追加申請書 【30日以内】 ・（該当する場合）増加概算保険料申告書の提出・納付
名称・所在地等の変更時	【5日以内】 適用事業所名称／所在地変更届	【10日以内】 事業主事業所各種変更届	【10日以内】 名称、所在地等変更届
事業所廃止時（適用事業所でなくなったとき）	【5日以内】 適用事業所全喪届・被保険者資格喪失届	【10日以内】 適用事業所廃止届・被保険者資格喪失届	―
		【50日以内】 確定保険料申告書	
被保険者関係			
入社時（被保険者資格取得時）	【5日以内】 被保険者資格取得届 （該当する場合：被扶養者〔異動〕届）	【翌月10日まで】 被保険者資格取得届	―

賃金改定時（一定の条件を満たす場合）	【3カ月経過後速やかに】 被保険者報酬月額変更届	―	―
賞与支給時	【5日以内】 被保険者賞与支払届	―	―
被扶養者変更時	【5日以内】 被扶養者（異動）届	―	―
氏名・住所変更時	【速やかに】 被保険者氏名変更届／被保険者住所変更届 ※マイナンバーと基礎年金番号が結び付いている者は不要	―	
業務上・就業中・事業所内の死傷病発生時	―	―	【遅滞なく（休業日数4日未満の場合は四半期末まで）】 労働者死傷病報告書
定年（60歳）到達後再雇用時（一定の賃金変更を伴う場合）	【5日以内】 被保険者資格喪失届・被保険者資格取得届（同日得喪手続き）	【4カ月以内】 高年齢雇用継続給付支給申請書	―
70歳到達時（一定の賃金変更を伴う場合）	【5日以内】 被保険者資格喪失届／70歳以上被用者該当届	―	―
75歳到達時	―	【5日以内】 被保険者資格喪失届	―

退職時（被保険者資格喪失時）	【5日以内】被保険者資格喪失届	【10日以内】被保険者資格喪失届・（本人希望時）離職証明書	－

　これらのほか、従業員について、私傷病や出産・育児介護休業等の給付事由が発生した場合には、それぞれ所定の給付申請手続きを行うことになります。

Q 企業年金にはどのようなものがあるか

1 企業年金の概要

　企業年金制度とは、会社が、その従業員に対して、退職後に定期的に金銭を支給する制度をいい、定期的な金銭支給であるという点で退職金制度（退職一時金制度）とは区別され、会社が独自に行うものであるという点で厚生年金制度とも区別されます。

　現在存在する主な企業年金制度は、以下のとおりです。

2 自社年金

　自社年金（私的企業年金）とは、特定の法令によらず、企業が独自に設計・実施する企業年金制度です。いわば退職金（退職一時金）の分割払いであることから、退職金と同様に、労基法等の規制に服することになります。

3 確定給付企業年金

　確定給付企業年金（DB）とは、確定給付企業年金法に基づいて行われる企業年金制度です。従業員に対する給付額があらかじめ確定しており、年金資産の運用実績の低迷により積立不足が生じた場合には、会社が特別掛金の拠出等により補塡する責任を負う点に特徴があります。

　確定給付企業年金には、①制度内容を定めた規約に基づき会社（事業主）が自ら制度を実施する「規約型」と、②制度内容を規約で定めた上で、会社（事業主）により設立される企業年金基金が制度を実施する「基金型」が存在します。

　また、確定給付企業年金の一種として、確定給付型であること（給付額が保証されること）を前提としながら、個人別勘定残高を設けて個人ごとに積み立てを行うことにより給付額を算定するキャッシュ・バラン

ス・プラン（CB）という制度も存在します。

4　確定拠出年金

　企業型確定拠出年金（企業型DC）とは、確定拠出年金法に基づいて
行われる企業年金制度です。会社が拠出する掛金額があらかじめ確定し
ており、従業員による運用結果に応じて給付額が変動する点に特徴があ
ります。

　確定拠出年金には、企業型のほかに個人型（iDeCo）が存在しており、
かつ、拠出された掛金（年金資産）は個人別に分別管理されるため、退
職時における個人型への移行や転職時における他の企業型への移行が容
易です。

5　リスク分担型企業年金

　リスク分担型企業年金とは、確定給付企業年金法に基づいて行われる
企業年金制度であり、2017年1月1日に新たに創設されました。従来の
確定給付企業年金では年金資産の運用リスクを会社が全面的に負担する
一方、企業型確定拠出年金では従業員が運用リスクを全面的に負担する
制度となっていたことから、運用リスクを会社と従業員が分担する制度
として創設されたものです。

　具体的には、会社が運用リスクに対応する固定の掛金を拠出すること
で一定の運用リスクを負担する一方、リスク対応掛金を超えて積立不足
が生じた場合には従業員に対する給付額の減額が行われることで、リス
ク分担が図られています。

　本制度は確定給付企業年金法に根拠を有する制度ではあるものの、企
業会計上は、退職給付債務の認識が不要となるなど確定拠出年金と同様
の扱いとなっています。

6 厚生年金基金

　厚生年金基金は、厚生年金保険法に基づいて行われる企業年金制度でしたが、経済情勢の変動により運用利回りが低下したなどの結果、大半の基金において年金財政が悪化し、厚生年金基金が担っていた厚生年金（いわゆる2階部分）の代行給付に必要な年金資産も不足している状況（いわゆる代行割れ）が広がっていました。

　そのため、厚生年金保険法の改正により、①改正法施行日（2014年4月1日）以降の厚生年金基金の新設禁止、②代行割れとなっている基金の解散時における特例、③改正法施行日から5年経過以降は代行割れとなっている基金に対する解散命令を発動できることなどが規定されました。

　その結果、大多数の厚生年金基金は解散または他の企業年金制度に移行しており、現時点では実質的に廃止されています。

安全衛生・労働災害

安全衛生委員会の設置や運営は どう進めればよいか

1 安全衛生委員会の設置について

　次ページの表の要件に該当する事業場は、安全委員会、衛生委員会（両委員会の設置が必要となる事業場は安全衛生委員会でも可）を設置する必要があります。ここでいう事業場とは、本社事務所、営業所、店舗など一つの場所的単位を指しますので注意してください。

　上記委員会の構成メンバーは次ページの表のとおりです。総括安全衛生管理者または事業の実施を統括管理する者等（1人）以外の委員の半数は、労働者の過半数で組織する労働組合（同組合がない場合は労働者の過半数代表者）の推薦に基づき、事業者が指名する必要があります。各部門の意見を反映させるため、できる限り、偏りのないメンバーを推薦・指名することが望まれます。

2 安全衛生委員会の運営について

　安全衛生委員会は、表のとおり調査審議事項や開催頻度、記録の作成・保存、労働者への周知が法令上義務づけられています。なお、一定の要件の下で、情報通信機器を使用した安全衛生委員会の開催が認められています。

　建設業や製造業など安全衛生管理が重要となる業種に比べ、衛生委員会のみ設置する義務がある事業場では、何を審議していいか悩むことも少なくありません。この点について多くの企業では、健康診断や過重労働（直近の時間外労働等の状況やこれを踏まえた産業医の面接指導等の実施状況）、ストレスチェックに関する事項について審議しているようです。その他、事業場内の危険箇所の特定（例：配線、荷の積み方等）と対策、デスクワークの負担（腰痛、肩凝り、ドライアイ等）、熱中症、感

染症（インフルエンザ、新型コロナウイルス感染症等）、花粉症、受動喫煙、生活習慣病、治療と仕事との両立支援、交通災害などのテーマで審議することも考えられます。

これらのテーマを手掛かりに、事業場の実情を踏まえ、産業医からの指導も仰ぎながら、労使双方が協調して、衛生委員会を活性化させていくことが重要となります。

✓ 安全委員会・衛生委員会について

区分	安全委員会	衛生委員会
委員会の設置義務がある業種・規模（安衛法17〜19条、安衛令8・9条）※安全委員会と衛生委員会の両方を設けなければならないときは、両委員会を統合した安全衛生委員会の設置も可能	①常時使用する労働者が50人以上の事業場で、次の業種に該当するもの。林業、鉱業、建設業、製造業の一部の業種（木材・木製品製造業、化学工業、鉄鋼業、金属製品製造業、輸送用機械器具製造業）、運送業の一部の業種（道路貨物運送業、港湾運送業）、自動車整備業、機械修理業、清掃業 ②常時使用する労働者が100人以上の事業場で、次の業種に該当するもの。製造業のうち①以外の業種、運送業のうち①以外の業種、電気業、ガス業、熱供給業、水道業、通信業、各種商品卸売業・小売業、家具・建具・じゅう器等卸売業・小売業、燃料小売業、旅館業、ゴルフ場業	常時使用する労働者が50人以上の事業場（全業種）

構成メンバー （安衛法17条2項、18条2項、19条2項）	①総括安全衛生管理者または事業の実施を統括管理する者等（1人） ②安全管理者 ③労働者（安全に関する経験を有する者）	①総括安全衛生管理者または事業の実施を統括管理する者等（1人） ②衛生管理者 ③産業医 ④労働者（衛生に関する経験を有する者）
調査審議事項 （安衛則21〜22条）	①安全に関する規程の作成に関すること ②危険性または有害性等の調査およびその結果に基づき講ずる措置のうち、安全に係るものに関すること ③安全に関する計画の作成、実施、評価および改善に関すること ④安全教育の実施計画の作成に関すること　など	①衛生に関する規程の作成に関すること ②衛生に関する計画の作成、実施、評価および改善に関すること ③衛生教育の実施計画の作成に関すること ④定期健康診断等の結果に対する対策の樹立に関すること ⑤長時間にわたる労働による労働者の健康障害の防止を図るための対策の樹立に関すること ⑥労働者の精神的健康の保持増進を図るための対策の樹立に関すること　など
開催頻度 （安衛則23条1項）	毎月1回以上	
記録の作成・保存 （安衛則23条4項）	委員会の開催の都度、次に掲げる事項を記録し、これを3年間保存する ①委員会の意見および当該意見を踏まえて講じた措置の内容 ②委員会における議事で重要なもの	
労働者への周知 （安衛則23条3項）	委員会の開催の都度、遅滞なく、委員会における議事の概要を常時各作業場の見やすい場所に掲示し、または備え付ける等の方法により労働者に周知する	

健康診断結果等の健康情報の取り扱いで注意すべき点は何か

　労働者の情報のうち健康情報（個人情報保護法上の要配慮個人情報をいい、その他の個人情報を合わせて「健康情報等」という。次ページの表参照）は、本人に対する不利益な取り扱いまたは差別等につながるおそれのある機微な情報であるため、適正に取り扱う必要があります。特に、以下の場合の取り扱いには留意する必要があります。

1 健康情報を取得する場合

　労働者の健康情報を取得するためには、労働者本人の同意を得る必要があります。ただし、法令に基づく場合や、人の生命、身体または財産の保護のために必要がある場合であって本人の同意を得ることが困難であるとき等に限り、同意なしでも取得することが可能です。具体的に何が同意を要する健康情報に当たるかは、次ページの表を参照してください。

　また、健康情報を収集するに当たって、原則、あらかじめその取り扱う目的を公表しておくか、情報を取得した際に、速やかにその利用目的を労働者本人に通知または公表する必要があります。一般的には、プライバシーポリシーや個人情報取扱規程等、利用目的が記載された文書を社内掲示板（イントラネット）に掲示するなどの対応をすれば、必要な手続きは済んでいるといえるでしょう。

　なお、厚生労働省では、「事業場における労働者の健康情報等の取扱規程を策定するための手引き」（https://www.mhlw.go.jp/content/000497426.pdf）を公表しており、これに基づき健康情報の取り扱いを定め、労働者に周知することが望ましいといえます。

✓ 健康情報等と取得時の同意

健康情報等		取得時の同意（必要：●）
法定の健康診断	健康診断の受診・未受診の情報	
	健康診断（再検査含む）の結果（法定の項目）	
	健康診断（再検査含む）の結果（法定の項目以外）	●
	精密検査の結果	●
	がん検診の結果	●
	健康診断の事後措置について医師から聴取した意見	
	保健指導の結果	●
長時間労働者に対する面接指導等	長時間労働者による面接指導の申し出の有無	
	長時間労働者に対する面接指導の事後措置について医師から聴取した意見	
	長時間労働者に対する面接指導の結果	
ストレスチェック	ストレスチェックの結果（安衛法 66 条の 10 第2項）※ストレスチェックの実施前または実施時に労働者の同意を取得することはできない	●
	ストレスチェックの結果、高ストレスと判定された者による面接指導の申し出の有無	
	ストレスチェックの結果、高ストレスと判定された者に対する面接指導の事後措置について医師から聴取した意見	
	ストレスチェックの結果、高ストレスと判定された者に対する面接指導の結果	
欠勤、休職・復職	病院等を受診したこと、診断書等の診療や疾病に関する情報、調剤（処方）記録、職場復帰のための面接指導の結果、医師から聴取した意見、通院状況等疾病管理のための情報	●

新型コロナウイルス等感染症	感染症に感染したこと、その検査結果、病院等を受診したこと	●
その他（健康保持増進、治療と仕事の両立支援等）	健康相談の結果、健康指導の内容、治療と仕事の両立支援等のための医師の意見書等	●

② 健康情報等を第三者に提供する場合

　事業者は、あらかじめ労働者本人の同意を得ないで、健康情報等を第三者に提供することは法令で禁止されています。もっとも、法令に基づく場合（例：健康診断、面接指導等、ストレスチェックの実施等を委託するために必要な労働者の個人情報を外部機関に提供する場合や、健康診断の結果のうち、特定健診・保健指導の項目について保険者の求めに応じて提供する場合）や、人の生命、身体または財産の保護のために必要がある場合であって、本人の同意を得ることが困難であるとき（例：新型コロナウイルス感染症に感染した労働者の情報を2次感染防止等のために必要な範囲でビルの管理会社等の関係者に提供する）等の場合には、本人の同意を得る必要はありません。

③ 健康情報等が記載された書面を保存する場合

　健康情報等が記載された書面については、法令で保存期間が定められたものがありますので(保存期間に関する表を参照)、注意する必要があります。

✓ 健康情報関連文書の保存期間

文書名	保存期間	関係条文
健康診断個人票（雇い入れ時、定期等）	5年	安衛則51条
長時間労働者に対する面接指導結果の記録	5年	安衛則52条の6
ストレスチェックの検査結果 （労働者の同意がある場合に限る）	5年	安衛則52条の13 第2項
高ストレス者に対する面接指導結果の記録	5年	安衛則52条の18

メンタルヘルス対策を検討するように指示されたが、どのように進めればよいか

1 法令上の位置づけ

　法令上、メンタルヘルス対策（ストレスチェック制度の実施体制および実施方法を含む）の樹立に関する事項は、衛生委員会等の調査審議事項とされていますので、このような機会を通じて労働者の意見を聴きつつ、事業場の実態に即して、メンタルヘルス対策の取り組みを進めていくことが重要となります。

　また、厚生労働省では、「労働者の心の健康の保持増進のための指針」や「心理的な負担の程度を把握するための検査及び面接指導の実施並びに面接指導結果に基づき事業者が講ずべき措置に関する指針」を定めており、これらの指針や行政の WEB サイト（下表参照）を参考にしながら、具体的な取り組みを進めていくことが望ましいといえます。

2 具体的な取り組みの進め方

　具体的には、次の流れで取り組みを進めていくとよいでしょう。全体的なイメージは、次ページの図のとおりです。

✓ メンタルヘルス施策に役立つ行政の WEB サイト・機関

名称
厚生労働省「ストレスチェック等の職場におけるメンタルヘルス対策・過重労働対策等」
厚生労働省「職場における心の健康づくり」
中央労働災害防止協会「健康づくり・メンタルヘルスケア・快適職場づくり」
こころの耳～働く人のメンタルヘルスポータルサイト～
産業保健総合支援センター（さんぽセンター）

✓ 具体的な取り組みの進め方

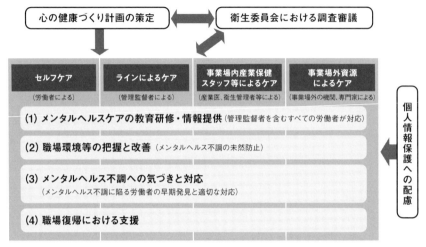

資料出所：厚生労働省・独立行政法人労働者健康安全機構「職場における心の健康づくり」
から抜粋

① メンタルヘルス対策の実施計画を策定する

　厚生労働省が公表している「職場における心の健康づくり」（上の図を参照）を参考に、衛生委員会等において十分調査審議を行い、メンタルヘルス対策（ストレスチェック制度の実施を含む）の実施計画を策定します。

② 事業場内の体制を整備する

　メンタルヘルス対策を推進する者（例：衛生管理者や人事担当者等）を選任し、労働者、管理監督者、産業保健スタッフ、事業場外資源、人事労務スタッフおよび衛生委員会の役割やこれらの連携方法等の実施体制を明確にします。

③ 教育研修・情報提供を実施する

　全従業員、管理監督者および産業保健スタッフに対する研修や必要な情報提供を行います。

④ストレスチェックを実施する(常時50人以上の労働者を使用する事業場は法的義務)

ストレスチェックの実施主体、調査方法、評価基準、結果に基づく面接指導・集団分析の方法、集団分析後の職場改善の方法、健康情報の取り扱い等を定め、ストレスチェックを実施します。

⑤相談窓口の整備を行う

外部機関の利用も検討しつつ、相談窓口を設け、相談方法や個人情報の取り扱い等を定め、労働者に周知します。また、心の健康に問題や不調を感じた場合には所属の管理職等に相談できる環境を整備します。

⑥職場復帰支援を行う

病気休業開始および休業中のケア、主治医による職場復帰可能の判断、産業医等による職場復帰の可否の判断および当該労働者の職場復帰支援プランの作成、職場復帰の決定およびその後のフォローといった各段階で実施すべきことを明確にします。

Q うつ病・適応障害などのメンタルヘルス不調の兆候が認められた場合、どのように対応したらよいか

1 メンタルヘルス不調の兆候の理解と把握（気づき）

一般的には、ストレスが大きくなると、心身および日常の行動面に、次表のような変化が表れるといわれています。休職はもとより、自殺という最悪の事態を避けるためにも、これらの兆候を正しく理解し、労働者本人による気づきはもちろん、周囲の同僚や管理職等がメンタルヘルス不調に陥る労働者を早期に発見して、適切に対処していくことが重要です。

✓ メンタルヘルス不調の兆候

心理的側面	憂鬱そうに見える、意欲がない、怒りっぽい等
身体的側面	やせてきている、睡眠がとれていない、疲れが見られる等
行動的側面	遅刻・早退が増える、作業効率の低下、ミスが増える等

2 管理監督者および産業保健スタッフの連携

労働者本人がメンタルヘルス不調の兆候を訴えたり、周囲の者が同様な兆候を発見したりした場合には、できるだけ早い段階で、管理監督者と産業保健スタッフが連携して対応することが重要です。

具体的には、労働者本人と面談機会を設けるなどして話をよく聴き、必要に応じて、産業医や外部の医療機関等への相談や受診を促します。

③ 職場環境によるリスクの確認

　メンタルヘルス不調は、私生活上のストレスで発症することもありますが、長時間労働等の過重労働や職場環境によって発症するケースもあります。後者の場合には、業務に起因してメンタルヘルス不調が発症したとして労働災害になる可能性も大いにあります。このため、メンタルヘルス不調の兆候が見られる労働者の就労状況および職場環境に問題がなかったかどうかを念のため確認しておく必要があるでしょう。

　具体的な確認項目例は、次のチェックリストのとおりです。

✓ 職場環境によるリスクのチェックリスト

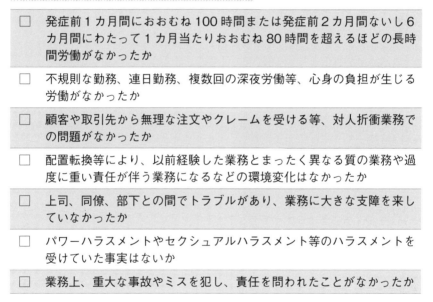

- ☐ 発症前1カ月間におおむね100時間または発症前2カ月間ないし6カ月間にわたって1カ月当たりおおむね80時間を超えるほどの長時間労働がなかったか
- ☐ 不規則な勤務、連日勤務、複数回の深夜労働等、心身の負担が生じる労働がなかったか
- ☐ 顧客や取引先から無理な注文やクレームを受ける等、対人折衝業務での問題がなかったか
- ☐ 配置転換等により、以前経験した業務とまったく異なる質の業務や過度に重い責任が伴う業務になるなどの環境変化はなかったか
- ☐ 上司、同僚、部下との間でトラブルがあり、業務に大きな支障を来していなかったか
- ☐ パワーハラスメントやセクシュアルハラスメント等のハラスメントを受けていた事実はないか
- ☐ 業務上、重大な事故やミスを犯し、責任を問われたことがなかったか

　以上の点を確認した結果、問題が認められた場合には、その原因を分析した上で、改善や支援措置を講じる必要があります。

4 対応上の留意点

　メンタルヘルス不調の兆候の中には、メンタルヘルス不調なのか、本人の仕事に対する姿勢や勤務態度の問題なのか明確に区別することが難しい場合があります。このため、本人の心身の状況を正確に把握しないまま、例えば、厳格に業務指導をしたり、休職をさせずに勤務を継続させたり、最終的には解雇をしたりすると、後になって労働者等から、企業に対して安全配慮義務違反や不法行為による損害賠償を請求されるケースがあります。

　このような事態を回避するためには、①できるだけ早い段階で労働者本人の心身の状態が把握できるように、全社的にメンタルヘルス不調の兆候を正しく理解するための教育や啓発を行うこと、②管理監督者と産業保健スタッフ、人事担当者が連携できる体制を整備しておくこと、③医師の診断を受けさせて病状や休業の要否等の診断結果を提出してもらうことが求められます。

Q どのような場合に労災と認められるか

1 労災となる場合

　業務災害（以下、労災）とは、業務上の事由による労働者の負傷、疾病、障害、死亡（以下、傷病等）のことをいいます。労災が認められると、その傷病等には労災保険が適用されることとなります。

　労災に当たるかどうかは、労働者が使用者の支配・管理下で業務に従事していることを前提として、業務に伴う危険が現実化したものと経験的に認められるかどうかによって判断されます。

　例えば、勤務時間中に、事業場施設内の階段で転倒して負傷した場合や、化学物質等の有害物に暴露した結果、がん等の疾病が発生したときが、労災となる例です。もっとも、中には、労災かどうかの判断が難しいケースがあります。実務上は、下表のような事例で判断に迷うことがあるでしょう。対応の参考としてください。

　なお、労災に該当するかどうかの判断基準は、労基法の災害補償や労災保険制度を適用するに当たっての考え方であり、会社の責任を争う裁判例とは実務上別のものです。しかし、裁判例にも労災の判断が大きく影響しますので、今回は労災への該当性について説明します。

✓ 労災かどうかの判断が難しい例

会社主催の社外行事に参加した際に負傷した場合	行事を業務として担当している場合は労災となる可能性が高い。そうでもない限りは、原則として、労災とは認められないが、当該行事の目的と業務との関連性や参加の強制の有無等により例外的に労災と認められることがある
職場で休憩している際に負傷した場合	休憩時間は実際に仕事をしているわけではなく、行為そのものは私的行為であることから、これによって発生した災害は、原則として労災とは認められない。ただし、事業場の施設・設備や管理状況などが原因で発生した災害は労災となり得る

職場内での喧嘩により負傷した場合	上司や同僚の暴行により負傷した場合は、加害者の私的怨恨や被害者の挑発に基づく等の業務に起因しないものを除き、労災となり得る
うつ病等の精神疾患が発症した場合	発症前に長時間労働を行った、上司等からパワーハラスメントや同僚からいじめ・嫌がらせを受けた、退職を強要された等の出来事があった場合に、労災となり得る
脳・心臓疾患が発症した場合	発症前1カ月間におおむね100時間または発症前2〜6カ月間にわたって1カ月当たりおおむね80時間を超える時間外労働が認められる場合に、労災となり得る

2 通災となる場合

通勤災害（以下、通災）とは、労働者が通勤により被った傷病等をいいます。

通災は、労基法上の災害補償の対象となっておらず、民事上の安全配慮義務違反として会社に法的な責任が問われる可能性も少ないものですが、労災保険制度の対象とされています。

「通勤」とは、就業に関し、①住居と就業の場所との間の往復、②就業の場所から他の就業の場所への移動、③住居と就業の場所との間の往復に先行し、または後続する住居間の移動を、合理的な経路・方法により行うことをいい、業務の性質を有するものを除くとされています。

典型的な例として、電車通勤している際に階段で転倒してけがをしてしまう場合等が挙げられます。問題となるのは、通災かどうか判断することが難しいケースです。実務上は、次ページの表のような事例で判断に疑問が生じると考えられます。対応の参考としてください。

✓ 通災かどうかの判断が難しい例

帰宅途中に寄り道した際に負傷した場合	通勤の途中で就業や通勤と関係のない行為を行う場合には通災とならない。ただし、①通勤中のささいな行為（通勤の途中で経路近くの公衆トイレを使用する場合や経路上の店でたばこやジュースを購入する場合等）の際に負傷したときは通災となり得る。また、②日常生活上必要な行為（日用品の購入や医療機関で診察や治療を受ける等）の最中は通災の対象とならないものの、通勤経路に復した後に負傷した場合は通災となり得る
単身赴任者が帰省先に行き来している際に負傷した場合	就業場所と帰省先とを行き来するとき、帰省先と赴任先とを行き来するときは通災となり得る
副業先へ向かう途中に負傷した場合	副業先は他の就業の場所に当たることから、通災となり得る

労働者から労災保険を使いたいと言われたが、どのように対応したらよいか

1 労災保険とは

労災保険は、労働者が業務あるいは通勤によりけがや病気等をしたときに必要な給付をする保険です。例えば、労働者が会社の廊下あるいは通勤途中に駅の階段で転んでけがをした場合、その治療費や、会社を休んだ期間中の補償（ただし4日目から）は健康保険ではなく労災保険から給付されることになります。

これらの事例では労災保険が適用されることが明らかですので、労働者やその家族が労災保険を使いたいと申し出たときは（あるいはそのような事実が明らかとなったときは）、2のとおり各事由に応じて所轄の労働基準監督署（長）に労災請求手続きを行うことになります（請求者は労働者とされていますが、実務上は会社を通じて手続きがなされることが多いです）。

2 労災保険給付の種類と請求手続き

労災保険給付には、主に、次ページの表のような種類があり、各事由に応じて、所定の様式により、所轄の労働基準監督署（長）に請求（ただし、療養の給付請求は病院や薬局等を経由）することになります。

✓ 労災保険給付の種類や請求手続き

給付の種類	事由	給付内容	請求手続き（業務災害と通勤災害で請求様式が異なる）
療養（補償）給付	業務災害または通勤災害による傷病で療養するとき	【労災病院や指定医療機関】治療、入院および薬剤等の支給（現物給付）、必要な通院費 【労災病院や指定医療機関以外】治療、入院および薬剤等に要した費用、必要な通院費	【労災病院や指定医療機関】療養の給付請求書（5号または16号の3）【労災病院や指定医療機関以外】療養の費用請求書（7号または16号の5）
休業（補償）給付	業務災害または通勤災害による傷病で療養のため労働することができず、そのため賃金を受けられないとき	休業4日目から、休業1日につき給付基礎日額（平均賃金相当額、以下同じ）の60％相当額。また、休業特別支給金が20％相当額上乗せされるため、実質は80％相当額を給付	休業補償給付支給請求書（8号）または休業給付支給請求書（16号の6）
障害（補償）給付	業務災害または通勤災害による傷病が治癒（症状固定）した後に障害等級1級から14級の障害が残ったとき	【障害等級1級から7級まで】障害等級に応じて給付基礎日額313〜131日分を年金として給付。また、これに加えて賞与を加味した障害特別年金や障害特別支給金（342万〜159万円）を給付 【障害等級8級から14級まで】障害等級に応じて給付基礎日額503〜56日分を一時金として給付。また、これに加えて賞与を加味した障害特別一時金や障害特別支給金（65万〜8万円）を給付	障害補償給付支給請求書（10号）または障害給付支給請求書（16号の7）

遺族（補償）給付	業務災害または通勤災害により死亡したとき	【遺族がいるとき】 遺族の数等に応じて、給付基礎日額の245〜153日分を年金として給付。また、これに加えて賞与を加味した遺族特別年金や遺族特別支給金（300万円）を給付 【遺族がいないとき】 原則、給付基礎日額の1000日分を受給権者に一時金として給付。また、これに加えて賞与を加味した遺族特別一時金や遺族特別支給金（300万円）を給付	【年金の場合】 遺族補償年金支給請求書（12号）または遺族年金支給請求書（16号の8） 【一時金の場合】 遺族補償一時金支給請求書（15号）または遺族一時金支給請求書（16号の9）
葬祭料・葬祭給付	業務災害または通勤災害により死亡した人の葬祭を行うとき	31万5000円に給付基礎日額の30日分を加えた額（その額が給付基礎日額の60日分に満たない場合は、給付基礎日額の60日分）を給付	葬祭料請求書（16号）または葬祭給付請求書（16号の10）

③ 労災請求手続きの留意点

　業務あるいは通勤による災害であることが明らかであれば、労災保険手続きを行うことになりますが、中には慢性的な腰痛や精神疾患などのように業務に起因して発生したのか、プライベートが原因で発生したのか判別することが難しいケースがあります。例えば、ハラスメントを受けた、または過重労働によりうつ病となったとの申告があり、労働者やその家族から労災保険を使いたいとの申し出があった場合、これらの事実が確認できないことがあります。

　各種請求書には会社が証明する欄がありますが、証明事項について事実として確認できない、あるいは請求内容に疑義がある場合は、安易な

証明はせず、証明しない理由を記載した上で、所轄の労働基準監督署（長）に提出することも一つの対応として考えられます。

人事

Q 人事異動にはどのようなものがあるか

1 人事異動の種類

　人事部員の仕事の一つとして、労働者の人事異動に関するものがあります。人事異動には、大きく、①配転（配置転換）、②出向、③転籍の3種類があります。

　これらの違いは、おおむね次の表のとおりです。労働者の生活環境やキャリア形成等に与える影響は、①配転から③転籍にかけて大きなものになっていくのが一般的です。

✓ 配転・出向・転籍の違い

区分	①配転	②出向	③転籍
内容	労働者が従事している業務内容ないし勤務場所を同一の企業内で変更する	労働者が従事している業務内容ないし勤務場所を同一企業外（別企業）へ異動させることにより変更する	労働者と会社との労働契約を終了させ、転籍先の会社との間で新たに労働契約を締結（承継）する
具体例	総合職で入社した社員を人事部付けから正式配属先へ配属する、ジョブローテーションの一環で他の部署へ異動させるなど	技術指導や人材育成の目的で子会社や関連会社へ配転させること（配転元の会社に戻ることが想定されていることが一般的）	子会社や関連会社の重役（社長、取締役等）への配転（その際に、従前の会社は退職し、退職金の支給がされることが多い）
会社と労働者との関係	労働契約関係は変わらない	労働契約関係は変わらない。ただし、指揮命令は出向先が行う	労働契約は終了となる
指揮命令権	従前の会社のまま変わらず	出向先の会社の指示に従う	転籍先の会社の指示に従う

2 会社が人事異動を命令する根拠

　多くの会社は、就業規則において、「会社は、業務上の必要性がある場合には、労働者に対して配転（および出向）を命じることがある」というような規定を設けています。この規定により、会社は、労働者へ配転・出向を命じることができます。

　配転・出向については、このような就業規則の定めによって労働者の同意を得ている（包括的同意）ものとされるためです。

　これに対し、転籍の場合には、現在勤務している会社との労働契約関係を終了させることとなりますので、労働者に与える影響は、配転や出向よりも大きくなります。そのため、転籍の場合には、労働者の「包括的同意」では足りず、個別同意を得ることが必要となります（詳細は208ページ以下参照）。

配転を命じるに当たって気をつけることは何か

1 会社の配転命令権の行使は無制約ではない

　人事異動のうち、「配転」は、同一企業内での異動ではありますが、労働者のキャリアや職務環境、生活環境に影響を及ぼすことがあります。そのため、会社は、常にどのような場合でも労働者を異動させることができるわけではなく、一定の制限があります。

　具体的には、配転命令が有効となるためには、①法令による制限、②（労働）契約上の制限、③配転命令権の濫用、という三つのハードルをクリアする必要があります。これらの制限に該当する場合には、この配転命令は無効となってしまいます。

✓ 配転を命じる際の三つのハードル

制限の種類	配転命令が無効となるケース
①法令による制限	・国籍、信条、社会的身分を理由とする配転命令（労基法3条） ・性別を理由とする配転命令（均等法6条） ・労働組合の組合員の活動や労働組合へ加入をしたことを理由とする配転命令（労組法7条1号）
②（労働）契約上の制限	・職種を限定している：労働者との間で特定の職種（例：経理業務等）を限定している場合に、他の業務への配転（人事部等）を命令すること ・勤務地を限定している：勤務地を東京本社と限定している場合に、大阪支社への配転を命令すること
③配転命令権の濫用	上記①、②の制限をクリアしている場合でも、 ・業務上の必要性がない場合 ・配転命令が不当な動機・目的によるものである場合 ・配転命令により労働者が被る不利益が通常甘受すべき程度を著しく超える場合 には、当該配転命令は権利濫用として無効となる

② 配転命令権の濫用となるケースに注意

　表のうち、③の制限に関しては、法令や労働者との労働契約に記載されているものではなく判例により確立された考え方となっており、配転を行う際には十分に配慮をする必要があります。

　とりわけ、「配転命令により労働者が被る不利益」の程度に関しては、配転命令を受ける個々の労働者の家庭環境やキャリア形成上の影響との関係で決まるものですので、配転に当たっては十分な配慮や労働者との協議を行うことが必要になります。特に、最近では、多様化する家庭環境に応じ、「配慮義務」という形で、会社の配転命令権を制約する法令も出てきているため、ひと昔前のように「総合職であれば単身赴任は当たり前」というように考えることはできません。

　例えば、育児・介護休業法26条は、労働者が子の養育または家族の介護を行う場合に、その者を転勤させようとするときには、会社はこれらの状況に「配慮」するように規定しています。これは、あくまでも配転命令をする際に労働者に対する「配慮」を求める規定であり、必ずしも法令上配転が「無効」とされるものではありませんが、これらの配慮を求める規定に反したという事実は、労働者に与える不利益の程度の判断に影響を与えるものとなります。業務上やむを得ず、育児や介護を行う労働者に配転命令を出す場合には、より慎重な配慮（例えば、他の労働者を配転させることの検討や、配転先での時短勤務等の対応を行うことなど、労働者との間で慎重に協議を行うこと）が求められます。

出向を命じるに当たって気をつけることは何か

1 出向命令権が濫用となる場合とは

　配転の場合と異なり、出向命令が権利濫用となる場合に関しては、労契法に次のように規定されています。

（出向）

第14条　使用者が労働者に出向を命ずることができる場合において、当該出向の命令が、その必要性、対象労働者の選定に係る事情その他の事情に照らして、その権利を濫用したものと認められる場合には、当該命令は、無効とする

〈下線は筆者による〉

　「使用者が労働者に出向を命ずることができる場合」とは、就業規則に出向を命じ得る旨の規定がある（包括的な同意を得ている）場合等とされています。また、「権利を濫用したもの」という点については、「配転命令権の濫用」と同じく、①業務上の必要性がない場合、②配転が不当な動機・目的によるものである場合、③労働者の被る不利益が通常甘受すべき程度を著しく超える場合、という観点から、その権利の濫用性が判断されることになります。

　出向も労働者の生活やキャリア形成に影響を与えるものです。人材交流や、出向先の経営指導等、出向自体には企業成長のために必要不可欠な場合もありますが、会社が出向命令を無制限に行うことは認められていないというのが労働法の考え方になります。このあたりは、配転と同様に考えることができます。

2 出向中の労働者と出向元、出向先の関係

　出向は配転と異なり、「出向元と労働者」「出向先と労働者」という二つの労働関係が生じることになりますので、労働者の労働条件について、

どの内容を出向元、あるいは出向先が担うべきなのかということを決めなければなりません。具体的な定めや出向に係る費用の負担分担等は、出向元、出向先との間の出向契約において定められるものとなりますが、それ以外の項目は一般的には次の表のように整理できます。

✓ 出向元・出向先それぞれの役割分担

決定事項	出向元	出向先
解雇、人事異動等の命令	○	－
懲戒処分の行使	○	○ （ただし、懲戒解雇は除く）
人事評価	○	○
（取り決めがない場合）賃金の支払義務	○	－
具体的な日常の業務の命令	－	○
就労時間や労働安全上の管理、責任等	－	○

③ 偽装出向とならないように注意

　出向と形態が似ているものに、「労働者供給」があります。「労働者供給」とは、供給契約に基づいて労働者を他人の指揮命令を受けて労働に従事させることであり、これを事業として無許可で行うと罰則の対象となります。このように、出向契約の形式をとりながら、実態は労働者供給である場合は「偽装出向」となり、違法となります。そのため、出向を命じる際は、「労働者供給」であるとみなされないようにしなければなりません。

　この点については、厚生労働省職業安定局作成の「労働者派遣事業関係業務取扱要領」の記述が参考になります。①労働者を離職させるのではなく、関係会社において雇用機会を確保する、②出向先において経営

指導、技術指導の実施をする、③職業能力開発の一環として行う、④企業グループ内の人事交流の一環として行う等の目的がある場合は、労働者の供給が、形式的に繰り返し行われたとしても、事業として行われていると判断し得るものは少ないとされています。例えば、出向の目的を「グループ会社間の人事交流」というように、出向契約の中に規定することなどによって、出向が労働者供給に当たらないと示すことが実務上も重要になります。

4 転籍を命じるに当たって気をつけること

[1] 転籍させるには従業員との間で慎重な協議が必要

　転籍も人事異動の一種として考えられます。ただし、転籍の場合には、転籍元の会社との労働契約関係が終了し、新たに転籍先の会社との労働契約が成立することになります。そのため、従業員に与える生活環境、キャリア形成上の影響は配転・出向に比べて大きいものとなります。

　したがって、転籍の場合には、単に就業規則で「会社は、従業員に対して転籍を命じることがある」との規定をするだけでは足りず、原則として対象となる従業員からの個別の同意を得る必要があります。

　転籍先での具体的な労働条件のほかにも、転籍の対象となる従業員の人選、説明の内容等も含めて慎重に行いましょう。

[2] 転籍に伴い行うべきこと

　転籍により従業員と会社との労働契約関係は終了します。これは、いわば従業員が今勤めている会社を退職することと同じです。そのため、退職者と同様に退職時手続きを行うことになります。退職金を支給している場合には、その算定を行い、支給することになりますし、退職に伴う貸与品の返還の手続き等も発生します。

　転籍先は子会社や関連会社等のように転籍元と近い会社となるケースが多いものですが、転籍後は、法律上、転籍元は使用者ではありません

ので、指揮命令権を行使することはできません。そのため、業務の引き継ぎが不十分なまま転籍先へ異動させた場合でも、自社に呼び戻して業務を行わせるなどの命令をすることはできません。

転籍命令を発する際には、確実に業務の引き継ぎを完了させてから転籍させられるよう、余裕のあるスケジュールを組むことが重要です。

企業の合併、分割、事業譲渡に伴う
人事異動の注意点とは何か

1 企業の合併、分割、事業譲渡とは

　これまでのように、会社が従業員を異動させることのほかにも、会社が組織再編を行うことにより、従業員の人事異動が起こることもあります。そのような会社の組織再編としては、次の表のようなものがあります。

✓ 組織再編の方法

組織再編	合併	分割	事業譲渡
意義	二つ以上の会社が合一して一つの会社になること	一つの会社を二つ以上の会社へ分けること	会社が取引行為として事業を売却すること
異動の対象となる従業員の範囲	合併により消滅する会社の従業員は全員異動	会社分割の対象となる事業に属している従業員は全員異動	会社が選ぶことが可能、ただし、個別同意を得ることが必要
異動する従業員の処遇	合併前の会社在籍時の労働条件はそのまま	会社分割前の会社存続時の労働条件はそのまま	事業譲渡先の労働条件による

　例えば、A社がB社に吸収合併されるような場合、もともとA社で働いていた従業員もそのままB社へ異動することになります。ただし、従前のA社での労働条件はそのままの状態でB社へ異動することになりますので、合併後は、（旧）A社の労働者の労働条件とB社の労働条件という二つの労働条件が混在することになります。そこで、吸収合併の後には、B社において二つの労働条件を統一するような人事政策が実行されることが多いです。

　これに対して事業譲渡では、A社に属する特定の事業をB社へ売却す

るもので、取引の条件（どの範囲を売却の対象とするか）について、A社とB社との間の事業譲渡契約により決めることになります。事業譲渡によってどのような労働条件となるか（A社での労働条件のまま異動するか、B社での労働条件へ変更するか）という点についても、この事業譲渡契約の中で定められる事項となります。ただし、既にA社で勤務している従業員としては、いきなり「事業を売却したのでB社で働け」と言われるのでは環境の変化が著しいものとなりますので、事業譲渡に伴う異動の対象とするためには、従業員の個別の同意が必要になります。

2 会社分割には特別な手続きが必要

また、会社分割によって分割される事業に属している従業員を分割先の会社（承継会社）へ異動させる場合には、分割前の労働条件はそのままで承継会社へ異動することになります。その際には、下の表に定める手続きを行う必要があります。

会社分割は会社としても大きなイベントであり、頻繁に関わる業務ではないとも思われますが、このような特別な手続きが法で定められている点は覚えておきましょう。

✓ 会社分割の際に必要な手続き

区分	必要な手続き
①労働者の理解と協力を得るように求めること	労働者の過半数で組織する労働組合（または労働者の過半数代表者）との協議その他これに準ずる方法によって、当該会社分割について理解と協力を得るよう努めることが必要とされている
②労働契約の承継に関する協議	承継される事業に従事する従業員に対して、分割先の会社への労働契約の承継の有無や、分割後の業務の内容・就業場所・就業形態等について会社の考え方を説明し、従業員の希望を聴取して協議をしなければならない

③対象の従業員への通知	異動の対象となる従業員に対して、会社分割前の特定の時期まで（株主総会を開催する場合は株主総会の2週間前の日の前日まで）に、会社分割後の会社の概要、会社分割の時期、会社分割後の業務内容・就業場所・その他の就業形態等の事項について通知をしなければならない
④労働組合への通知	③と同時期までに、労働協約を締結している労働組合に対して、会社分割により承継される事業の概要、会社分割後の会社の概要、異動対象となる従業員の範囲等の事項を通知しなければならない

Q 人事考課とはどのようなものか

　人事考課（人事評価とも呼ばれます）とは、一般に、人事管理の適切な遂行を目的として、従業員個人の能力や成果等といった人事情報を収集・整理・評価し、配置・異動、教育訓練、賃金・賞与、昇進・昇格等に反映させる制度です。

　人事担当者は、人事考課の業務に関わることも多いと思います。多くの会社では、人事考課の結果に基づいて賃金や賞与支給額を決定しているため、人事考課は従業員にとっても非常にインパクトの大きいイベントとなります。

　どのような人事考課制度を採用するかは、法律上の定めはなく、会社の裁量で決めることができます。通常は、人事制度の基軸となる資格等級制度に紐づけられた評価基準に基づき、人事考課が行われます。代表的な資格等級制度には、「職能資格制度」と「職務等級制度」があります。

　ただし、会社により両制度のメリットをうまく融合させて運用している場合もあります。例えば、業務成績や成果による評価を基本としつつ、本人の意欲や勤続年数、業務に対する対応力のような属人的な能力も重視して考課の指標として判断するケースです。また、職能資格制度や職務等級制度以外にも、会社の中での個人の役割・ミッションを定めてその成果等を基に考課を行う「役割等級制度」もあります。

　どのような制度で人事考課を運用していくかは、会社が学卒新入社員を大量に採用し育成をしていく企業（職能資格制度に親和性があります）なのか、ポストを絞って中途採用により即戦力を補充していく企業（職務等級制度に親和性があります）なのかによっても大きく変わるところです。

✔ 職能資格制度と職務等級制度下における人事考課

区分	職能資格制度	職務等級制度
内容	従業員の職務遂行能力の発展度に応じて人事考課を行う（属人的な能力を評価する）	従業員が与えられている職務（業務）の大きさに応じた人事考課を行う（職務の内容・成果を評価する）
人事考課の方法の例	・能力考課 　職務の遂行に一般的に求められる能力（判断力、企画力、実行力、コミュニケーション能力、業務遂行への意欲等）を考課の対象とする ・成績考課 　考課期間中の業務の量や質等を考課の対象とする	・業績（目標達成度）考課 　期初に従業員が自ら設定した目標を掲げさせ、目標に向けた努力やその結果を基に評価する ・発揮能力（コンピテンシー）考課 　仕事を行う上で高い成果を発揮している者の行動特性を分析して評価の指標とする。会社における高業績者が持つスキルや成果を基準として各人の能力を図る
メリット	・職種（人事部、経理部等）を限定しないで能力評価がなされるため、職種をまたぐ異動がされたとしても継続して考課を行いやすい	・業務の内容、成果と考課の内容が密接に関連するために、客観的にも説得力のある考課を行いやすい ・職務（ポスト）に紐づいた評価がなされるため、中途採用者等の評価を行いやすい
デメリット	・客観的基準を設けづらい指標となるため、従業員に説得力のある考課をすることが難しい	・職務の内容・成果が評価と連動しているため、他の職種へ異動した際に適切な評価を行うことが難しい
賃金制度	年功型賃金につながりやすい	成果主義型賃金につながりやすい

「降格」を行う場合の留意点

1 役職や資格等の変更について

役職や資格の変更には、昇進・昇格、降格等の措置があります。

「昇進」とは企業の中の階層としての地位（役職、職位）が上昇することをいい、「昇格」とは職能資格制度上の資格が上昇することを意味します。また、特定の職能資格の中で設定されている等級が上昇することを「昇級」といいます。

「降格」とは、職位を引き下げるもの（昇進の反対措置）と、職能資格制度上の資格を引き下げるもの（昇格の反対措置）をいいます。

✓ 昇進・昇格・昇級・降格の意味

用語	意味
昇　進	・企業の中の階層としての地位（役職、職位）が上昇すること 　　係長、課長、次長、部長、本部長のような地位が上の位へ変わる場合
昇　格	・職能資格制度上の資格が上昇すること 　　職能資格制度上で資格区分（例えば、技術者の職能資格制度として新卒社員から順に、2級技術者、1級技術者、主任技術者……等と進む場合）において、上位資格に格付けられる場合
昇　級	・特定の職能資格の中で設定されている等級が上昇すること 　　例えば、2級技術者という職能資格の中で、1等級、2等級、3等級……のようにさらに等級が設定されており、この等級が上の級へと上昇する場合
降　格	・現在の職位（課長、部長等）や、職能資格（主任技術者等）やその等級をさらに下の位置へ引き下げること 　　昇進の反対概念としての降格（部長を課長へ引き下げる場合）や昇格・昇進の反対概念としての降格（主任技術者を1級技術者へ引き下げる場合）がある

［注］　降格については上記のほか、懲戒処分の一つとしての降格処分がある。

2 「降格」を行う場合の留意点

　降格を行う場合、以下の点に留意することが必要です。

[1] 人事権の行使としての降格
(1) 役職・職位の降格の場合

　人事権の行使としての役職・職位の降格については、組織としての相応の必要性・理由が認められる場合、会社に広範な裁量権が認められています。これは、例えば、誰を営業部長とし、あるいは総務課長とするかといったことが、使用者の専権事項であるためです。

　逆にいえば、その降格に相当な理由がない場合、あるいは賃金の減額幅が大きく、本人が被る不利益が大きい場合などには、人事権が濫用されるおそれがあるため、注意が必要です。例えば、管理職である課長に対して、勤務成績が悪いという理由で年収が1割を超えて減額となる係長への降格を一方的に行う場合や、退職勧奨に応じない管理職を退職に誘導するために賃金減額を伴う降格を行うことなどは、人事権の濫用として無効となるおそれがあります。

(2) 職能資格の引き下げとしての降格の場合

　職能資格の引き下げとしての降格は、本来的には予定されていないものです。これは、職能資格制度の処遇の基軸となる職務遂行能力が、勤続により蓄積されていく性質のものであり、いったん蓄積された能力が下がることは想定されていないためです。

　したがって、このような降格を行うには、労働者との合意等により契約内容を変更する場合以外は、就業規則等の労働契約上の明確な根拠と相当の理由がなければなし得ません。また、そうした契約上の根拠がある場合でも、著しく大きな不利益を本人に与える場合は人事権の濫用となり得ます。なお、どこまで就業規則等の労働契約上の明確な根拠を必要とするかは争いがあるところですが、賃金テーブル等詳細な規定をし

ておくことが望ましいです。

[2] 懲戒処分としての降格

　懲戒処分の一つとしての降格処分を行う場合は、他の懲戒処分と同じく、①懲戒処分の根拠規定の存在、②懲戒事由への該当性、③懲戒処分が社会通念上相当であることが必要です。

　このほか「降格」を行う場合には、法が禁止する差別的取り扱いに該当していないかという点についても、あらかじめ確認しておく必要があります。

✓ 法が禁止する差別的取り扱い

概要	法令
労働者の国籍、信条または社会的身分を理由として、賃金、労働時間その他の労働条件について、差別的取り扱いをしてはならない	労基法3条
労働者の性別を理由とした昇進・降格における差別的取り扱いの禁止	均等法6条1号
通常の労働者と同視すべき短時間・有期雇用労働者については、短時間・有期雇用労働者であることを理由として、基本給、賞与その他の待遇のそれぞれについて、差別的取り扱いをしてはならない	パート有期法9条
労働組合の組合員の活動や労働組合へ加入をしたことを理由とする不利益取り扱いの禁止	労組法7条1号

Q 従業員の副業・兼業について注意することは何か

1 副業・兼業は禁止できるか

　就業規則で副業を禁止して、これに違反した従業員を懲戒処分とすることは可能でしょうか。自社で雇用している従業員が他社で副業をした場合、自社での勤務に全力を発揮することが難しくなることや、企業秘密が漏洩するおそれを否定できないことから、副業を禁止することに合理的な理由があるようにも思われるかもしれません。しかし、労働時間以外の時間をどのように過ごすのかは基本的に労働者の自由であることや職業選択の自由の保障等も考えれば、これを禁止することもできないとも考えられます。どちらも正当な理由があるようにも見えますが、裁判例では、職場秩序に影響を与えず、会社に対しての労務提供に支障を生じさせない程度・態様の副業・兼業については、たとえ就業規則等に禁止規定を設けていても、それを根拠に一律に制限することは許されないとするケースが多いようです。

　実際に、厚生労働省が公表しているモデル就業規則（令和2年11月版）では、「労働者は、勤務時間外において、他の会社等の業務に従事することができる」との規定を示しており、副業・兼業をすることが前提となる書きぶりとなっています（モデル就業規則68条1項）。このように従業員の副業・兼業に関しては、原則認めるものとした上で、会社への悪影響が著しいとき（企業秘密の漏洩や、会社の名誉や信用を損なう行為等）に限って、例外的に、禁止・制限することができるものといえます（同条2項参照）。

2 労働時間の計算方法

　異なる会社で働いた場合の労働時間は通算する必要があります。

　自社と副業・兼業先企業のどちらが時間外労働時間の割増賃金の支払

義務を負うかについては、二つのパターンがあります。

①自社と他社の所定労働時間の合計が8時間を超えた場合（あらかじめ明らかな時間外労働）は、時間的に後から労働契約を締結した会社が負うことになる。

②それぞれの所定外労働を通算した結果、法定外労働が発生する場合（後から発生する時間外労働）では、所定外労働が行われた時刻が先のほうから順に通算を行い、これが法定労働時間を超えた時点から、その労働を行わせた会社に割増賃金を支払う義務が生じる。

　特に②のケースでは、副業・兼業先の時間外労働を把握するのが煩雑であることから、「管理モデル」という簡便な労働時間の把握方法を採るのがよいでしょう。詳しくは、厚生労働省の「副業・兼業の促進に関するガイドライン わかりやすい解説」を参照してください。なお、副業・兼業について、労基法が適用されない個人事業主のフリーランス等の場合には、労働時間の通算は問題となりません。

Q 人材育成のための研修は何をすればよいか

1 OJT と Off-JT

　人事担当者の業務には、従業員向けの研修の計画・実行もあります。多くの企業では、OJT と Off-JT に分けて実践的な研修制度を設けています。

✓ OJT と Off-JT の違い

区分	概要
OJT	配属職場における業務遂行の中で、先輩・上司から指導を受けつつ、技能と経験を蓄積し、キャリアを形成・発展させていく研修の方法（On the Job Training）
Off-JT	外部の研修会社による各種研修への参加のように、業務を離れて企業内外でのさまざまな教育訓練プログラムを受講すること（Off the Job Training）

　会社はあくまで業務を遂行する場であり、教育機関ではありませんが、上記の OJT や Off-JT を計画的に実行し効果的に人材を育成することは、企業成長のためにも欠かせないものです。

2 研修を命じる権利・受ける義務、教育を受ける権利

　会社が従業員に研修を命じることは、会社の指揮命令権の行使となります。従業員の通常の業務と密接不可分に行われる OJT はもちろん、業務に密接した知識を習得するために（例えば、新人の給与担当者が年末調整実務について外部セミナーを受講することなど）、Off-JT として外部のセミナーを受講するように命じることも可能です。これらの研修受講の命令は業務命令となりますので、正当な理由なく拒否した場合には、服務規律違反行為として懲戒処分の対象とすることも可能です。

ただし、これらの会社の命令権も絶対無制約のものではありません。例えば、以下のような場合には、業務として研修受講を命じることはできません。

✓ 業務命令として研修を命じることができない例

- **教育・研修の内容が業務内容とおよそ無関係なもの**
  （例）特定の思想・信条教育を行う等
- **教育・研修の態様・方法・期間が相当でないもの**
  （例）従業員の反省を促すために就業規則の全文書き写しを命じる等
- **教育・研修の内容が法令に違反するようなもの**
  （例）反組合教育や、労働時間の上限規制を超える内容の研修等

　他方で、従業員から特定の研修を受けることを会社へ請求することはできるでしょうか。この点は、会社は教育実施機関でないことを前提に、従事する業務との関連性が希薄な研修（就業規則等で規定されていない業務内容に関連するものなど）については、必ずしも会社が受講を認める必要はありません。

　なお、これらの研修について、業務命令として従業員に受講をさせた場合には、その研修に要した時間はすべて労働時間となりますので、必ず労働時間として算定するように留意する必要があります。

**派遣労働者の受け入れに当たって
注意すべき点は何か**

1 期間制限

[1] 事業所単位の期間制限（労働者派遣受け入れの期間制限）

　同一の事業所においては、原則として3年を超えて労働者派遣の受け入れを行うことはできません。ただし、派遣先事業所の過半数労働組合（過半数労働組合がない場合は過半数代表者）の意見聴取を行えば、最大で3年間延長をすることができ、その後も同様です。

　つまり、同一の事業所においては、最長で3年ごとに過半数労働組合（過半数代表者）の意見聴取を行いさえすれば、継続的に、労働者派遣を受け入れることができます。

[2] 個人単位の期間制限（同一の派遣労働者の受け入れの期間制限）

　上記 **[1]** のとおり、同一の事業所において3年を超えて労働者派遣の受け入れを行うことができる場合であっても、同一の組織単位において、同一の派遣労働者を、3年を超えて受け入れることはできません。

　事業所単位の期間制限と異なり、延長は認められませんので、同一の組織単位においては、派遣労働者は、最長3年で必ず交代することとなります。

[3] 期間制限違反の場合の効果

　事業所単位の期間制限や個人単位の期間制限に違反して労働者派遣の受け入れを行った場合には、その時点において、派遣先が派遣労働者に対し、その派遣労働者に係る労働条件と同一の労働条件を内容とする労働契約の申し込みをしたものとみなされます。

　したがって、派遣労働者が承諾の意思表示をした時点において、派遣

労働者と派遣先との間に労働契約が成立することとなります。

2 派遣元への抵触日の通知

　派遣先は、労働者派遣契約を締結するに当たっては、あらかじめ、派遣元に対し、前記1[1]に係る事業所単位の期間制限に違反することとなる最初の日を通知する必要があります。通知は、書面の交付、FAX、電子メールで行うこととされています。

3 派遣労働者を特定することを目的とする行為の禁止

　派遣先は、紹介予定派遣の場合を除き、労働者派遣契約の締結に際し、派遣労働者を特定することを目的とする行為をしないように努めなければなりません。

　例えば、次の行為が特定行為に該当するとされています。

✓ 派遣労働者を特定する行為に当たるもの

①労働者派遣に先立って面接をすること
②派遣先に対して当該労働者の履歴書を送付させること
③「若年者に限ることとする」等の年齢を制限すること
④派遣先が短期間の労働者派遣を受け入れ、さらに労働者派遣の受け入れを継続したい場合に、当該派遣労働者を指名すること

　なお、条文上は、特定行為を行わないことを、努力義務として規定していますが、「派遣先が講ずべき措置に関する指針」においては、「禁止行為」として規定されている点に留意が必要です。

4 その他の措置

　以上に加えて、派遣先が講じなければならない措置として、次ページのような措置等が定められています。

✓ 派遣先が講じなければならないその他の措置

①労働者派遣契約に関する措置（派遣法 39 条）

②適正な派遣就業の確保等のための措置（同法 40 条 1 項）

③派遣先による均衡待遇の確保（同法 40 条 2 項〜5 項）

④派遣労働者の雇用の努力義務（同法 40 条の 4）

⑤派遣先での常用労働者（いわゆる「正社員」）化の推進（同法 40 条の 5）

⑥離職した労働者についての労働者派遣の役務の提供の受け入れの禁止（同法 40 条の 9）

⑦派遣先責任者の選任（同法 41 条）

⑧派遣先管理台帳の作成、記載、保存、記載事項の通知（同法 42 条）

障害者雇用に関して留意すべき点は何か

1 障害者雇用義務

障害者雇用促進法上、従業員が一定数以上の規模の事業主は、従業員に占める障害者の割合を一定の率以上にする義務や、毎年6月1日時点の障害者雇用状況をハローワークに報告する必要があります。

民間企業における法定雇用率は2021年2月までは「2.2%」ですが、2021年3月以降、「2.3%」に引き上げられ、これに伴い、障害者雇用義務の対象となる事業主の範囲は、従業員が「45.5人以上」の事業主から、「43.5人以上」の事業主に広がります。

実雇用率の算定対象となるのは、身体障害者手帳、療育手帳、精神障害者保健福祉手帳の所有者で、週所定労働時間が20時間以上の者に限られます（週所定労働時間が20時間以上30時間未満の短時間労働者は原則0.5カウント）。

障害者雇用率未達成の事業主は、公共職業安定所長から障害者雇用に係る雇入れ計画の作成を命じられるなどする可能性があるほか、常用労働者数100人超の事業主は、不足する障害者の数に応じて、「障害者雇用納付金」（不足1人当たり月額5万円）を支払う義務があります。

他方、①障害者雇用率を達成している事業主（常用労働者数100人超）は、超過する障害者数に応じて、「障害者雇用調整金」（超過1人当たり月額2万7000円）の支給を、②常用労働者100人以下で、障害者を4％または6人のいずれか多い数を超えて雇用する事業主は、「障害者雇用報奨金」（超過1人当たり月額2万1000円）の支給を受けることができます。

2 差別禁止と合理的配慮の提供、相談体制の整備

[1] 差別禁止

障害者雇用促進法は、障害者であることを理由とする差別を禁止して

います。ここで禁止される差別は「直接差別」であり、単に障害者であることを理由とし、かつ、主観的な差別意思を伴うことによるものが禁止の対象です。すべての事業主が対象であり、対象となる障害者は、障害者手帳保持者に限定されません。「身体障害、知的障害、精神障害（発達障害を含む）その他の心身の機能の障害があるため、長期にわたり、職業生活に相当の制限を受け、または職業生活を営むことが著しく困難な者」が対象となります。

　差別禁止に関しては、「障害者差別禁止指針」が定められ、募集・採用だけなく、賃金、配置、昇進、降格、教育訓練、福利厚生、職種の変更、雇用形態の変更、退職の勧奨、定年、解雇、労働契約の更新に関して、障害者であることを理由とする差別に該当する例などが説明されています。なお、違反については、厚生労働大臣による助言等の対象となる可能性があります。

[2] 合理的配慮の提供

　事業主は、障害者に対して合理的配慮の提供義務があり、障害者の意向を十分に尊重した上で、次ページの各措置を講じる義務があります（対象となる事業主や障害者の範囲は、差別禁止の場合と同じです）。ただし、①事業活動への影響の程度、②実現困難度、③費用・負担の程度、④企業の規模、⑤企業の財務状況、⑥公的支援の有無を総合的に勘案し、「過重な負担」を及ぼすこととなる場合は、提供義務を負いません。

　事業主は、障害者と話し合った上で、合理的配慮に関する措置を確定し、講ずることとした措置の内容や理由（もし、「過重な負担」に当たると判断した場合は、その旨やその理由）を障害者に説明する必要があります。

　「合理的配慮指針」においては、多くの事業主が対応できると考えられる措置の例などが定められており、当該指針を踏まえて対応を検討する必要があります。義務違反については、厚生労働大臣による助言等の対象となる可能性があります。

✓ 障害者雇用に際して講じるべき措置と合理的配慮

区分	講じるべき措置	合理的配慮の手続き	合理的配慮の例
募集・採用の段階	障害者と障害者でない者との均等な機会の確保の支障となっている事情を改善するために講ずる、障害者の障害の特性に配慮した必要な措置	障害者から事業主に対し、支障となっている事情などを申し出る	視覚障害：募集内容について音声等で提供 聴覚・言語障害：面接を筆談等により行う
採用後の段階	障害者である労働者について、障害者でない労働者との均等な待遇の確保または障害者である労働者の有する能力の有効な発揮の支障となっている事情を改善するために講ずる、その障害者である労働者の障害の特性に配慮した職務の円滑な遂行に必要な施設の整備、援助を行う者の配置その他の必要な措置	事業主から障害者に対し、職場で支障となっている事情の有無を確認する	肢体不自由：机の高さを調節すること等作業を可能にする工夫を行うこと 知的障害：本人の習熟度に応じて業務量を徐々に増やしていくこと 精神障害ほか：出退勤時刻・休暇・休憩に関し、通院・体調に配慮すること

（参考）
・厚生労働省「障害者雇用促進法に基づく障害者差別禁止・合理的配慮に関するQ&A【第2版】」
・厚生労働省「合理的配慮指針事例集【第3版】」

[3] 相談体制の整備

　事業主は、①障害者からの相談に適切に対応するために、必要な体制の整備や相談者のプライバシーを保護するために必要な措置を講じ、その旨を労働者に周知することや、②相談したことを理由とする不利益取り扱いの禁止を定め、これらを講じていることについて労働者に周知することも必要となります。

Q 執行役員とは何か

1 役員と従業員の違い

役員と従業員の違いについては、おおむね次の表のとおりです。

✓ 役員と従業員の違い

区分	役員	従業員
契約	会社（株主総会）との間で委任契約を締結	会社（法人）との間で労働契約を締結
法令上の根拠	会社法 330 条、民法 643 条	民法 623 条、労基法 9 条
業務内容	会社の業務執行（経営）を行う	会社（使用者）の指揮命令の下で労務提供を行う
報酬賃金	株主総会による決議や、役員規程により決定	就業規則または個別同意により決定
契約解除	いつでも解除可能（会社法 339 条 1 項）。ただし、正当な理由がない解任の場合は、解任により生じた損害を会社へ請求可能	会社からの一方的な解除（解雇）は、その効力が問題となる（労契法 16 条）

このように、役員と従業員はそれぞれ異なる形式で会社と契約を結んでおり、服する法令上のルールも異なります。

2 よく聞く「執行役員」とは何か

会社の組織図を見ると、上部の層（特に部長やそれよりも上の層に多いです）に、「執行役員」という肩書を持つ者が記載されていることがあります。その名称からも、一見、会社法上の役員であるかのように見えますが、実はこのような執行役員は、会社法上の役員ではありません。

実際に、従業員身分の執行役員も多くいます（従業員としての地位がある場合を「雇用型」、従業員ではなく委任契約の場合は「委任型」と呼ばれます）。

　執行役員という役職を導入する狙いとしては、会社の業務の執行を執行役員に行わせることにより、役員である取締役の決議機関である取締役会をスリム化することが考えられます。

　なお、雇用型の執行役員の処遇には、他の従業員と同様に、労基法等による労働契約関係が適用されることになります。業績が悪い場合に、雇用型の執行役員との労働契約を解除しようとする場合には、解任ではなく「解雇」として厳格な基準によって効力が判断される点に留意する必要があります。

ハラスメント・トラブル

ハラスメントにはどのようなものがあるか

1 多種多様化しているハラスメントの内容

　ハラスメントとは、職場等における嫌がらせ・迷惑行為等を指しますが、インターネットの普及等によりさまざまな情報収集が簡単に行われ、人々の権利意識が向上している中、ハラスメントの種類も多種多様になっています。近年では、237 ページ以下で紹介するパワーハラスメントやセクシュアルハラスメント以外にも、主に、以下のハラスメントが問題となっています。

✓ 多様なハラスメント

名称	ハラスメントの内容
マタニティハラスメント（マタハラ）	妊娠、出産、育児休業等をする女性社員に対して、不利益な取り扱い（解雇・退職勧奨や降格等）や嫌がらせ等をすること
パタニティハラスメント（パタハラ）	育児休暇制度等を利用しようとする男性社員に対して、その妨害や嫌がらせ等をすること
ケアハラスメント（ケアハラ）	育児、介護等をする社員に対して、不利益な取り扱い（解雇・退職勧奨や降格等）や嫌がらせ等をすること
アルコールハラスメント（アルハラ）	宴席等で他者に飲酒を強要したり、酔った勢いで暴力を振るったりすること
スモークハラスメント（スモハラ）	喫煙者が非喫煙者に対して喫煙を強要したり、受動喫煙を強いたりし、不快にさせること
スメルハラスメント（スメハラ）	体臭や口臭等により、周囲の社員を不快にさせること
カスタマーハラスメント（カスハラ）	顧客が事業者に対し、理不尽な要求や悪質なクレーム等を行うこと

時短ハラスメント （ジタハラ）	業務の内容や量がこれまでと変わらないにもかかわらず、残業禁止を促し、無理に仕事を切り上げさせること

　実際の言動がこれらのハラスメントに該当するかは個別具体的な判断が必要になりますが、パワーハラスメントやセクシュアルハラスメント等の典型的なハラスメント以外にも、近年、多くのハラスメントが存在し、問題となっていることは理解しておく必要があります。

２ SOGI（ソジ）ハラスメントについて

　238 ページにおいて、パワーハラスメントの類型の中に「SOGI（ソジ）」が含まれていることを紹介しますが、世の中において LGBT（L ＝レズビアン〔女性同性愛者〕、G ＝ゲイ〔男性同性愛者〕、B ＝バイセクシュアル〔両性愛者〕、T ＝トランスジェンダー〔生物学的な性別と本人の性自認が一致しない者〕）に関する理解が徐々に広がりつつある中、近年、職場での SOGI ハラスメントが問題となっています。

　SOGI とは、自分の恋愛や性愛の感情がどの性別に向くかという「性的指向」や、自らの性別をどのように認識しているかという「性自認」を意味するもので、このような性的指向や性自認に関する侮蔑的な言動を「SOGI ハラスメント」といいます。例えば「ゲイって気持ち悪い」など、性的指向に関する侮蔑的な発言は、典型的な SOGI ハラスメントに該当します。

　また、相手の性的指向や性自認について、相手の同意なく第三者に暴露する、いわゆる「アウティング」もハラスメントの対象になります。例えば「（女性社員として入社した）X さんって、実は元男性だったんだ」といった情報を、X さんの同意を得ずに他の社員に暴露することは、このアウティングに該当します。性的指向や性自認に関する情報は、プライバシー保護の観点からも重要で、例えば、この情報は人事部で業務

上必要とされている限られた範囲の社員のみで共有し、必要以上に他の社員に伝わることがない形で取り扱う必要があります。

　さらに、SOGI ハラスメントに関する知識がないと、社員から相談を受けた際に不用意な回答をしてしまった結果、二次被害を生じさせてしまうおそれもあるので、注意が必要です。

パワーハラスメントに当たるのは
どのような行為か

1 パワーハラスメントの内容

　パワーハラスメントは、職場において行われる①優越的な関係を背景とした言動であって、②業務上必要かつ相当な範囲を超えたものにより、③労働者の就業環境が害されるものと定義されています。個別の事情にもよりますが、パワーハラスメントに該当すると考えられる類型と具体例として、次のものがあります。

✓ パワーハラスメントの類型

(1)身体的な攻撃（暴行・傷害）
①殴打、足蹴りを行うこと
②相手に物を投げつけること

(2)精神的な攻撃（脅迫・名誉毀損・侮辱・ひどい暴言）
①人格を否定するような言動を行うこと。相手の性的指向・性自認に関する侮辱的な言動を行うことを含む
②業務の遂行に関する必要以上に長時間にわたる厳しい叱責を繰り返し行うこと
③他の労働者の面前における大声での威圧的な叱責を繰り返し行うこと
④相手の能力を否定し、罵倒するような内容の電子メール等を当該相手を含む複数の労働者宛てに送信すること

(3)人間関係からの切り離し（隔離・仲間外し・無視）
①自身の意に沿わない労働者に対して、仕事を外し、長期間にわたり、別室に隔離したり、自宅研修させたりすること
②一人の労働者に対して同僚が集団で無視をし、職場で孤立させること

(4)過大な要求（業務上明らかに不要なことや遂行不可能なことの強制・仕事の妨害）
①長期間にわたる、肉体的苦痛を伴う過酷な環境下での勤務に直接関係のない作業を命ずること

②新卒採用者に対し、必要な教育を行わないまま到底対応できないレベルの業績目標を課し、達成できなかったことに対し厳しく叱責すること
③労働者に業務とは関係のない私的な雑用の処理を強制的に行わせること

(5)過小な要求（業務上の合理性なく能力や経験とかけ離れた程度の低い仕事を命じることや仕事を与えないこと）
①管理職である労働者を退職させるため、誰でも遂行可能な業務を行わせること
②気にいらない労働者に対して嫌がらせのために仕事を与えないこと

(6)個の侵害（私的なことに過度に立ち入ること）
①労働者を職場外でも継続的に監視したり、私物の写真撮影をしたりすること
②労働者の性的指向・性自認や病歴、不妊治療等の機微な個人情報について、当該労働者の了解を得ずに他の労働者に暴露すること

　上記類型のうち、「精神的な攻撃」の中には「相手の性的指向・性自認に関する侮辱的な言動」が含まれ、また、「個の侵害」において、「性的指向・性自認」に関する情報が「機微な個人情報」に該当するなど、いわゆる「SOGI（ソジ）」が問題とされています。

　一方で、パワーハラスメント該当性の有無は、被害者の主観に左右されるものではなく、客観的に見て、業務上必要かつ相当な範囲で行われる適正な業務指示や指導については、パワーハラスメントに該当しません。

2 事業主が講ずべき措置

　大企業において2020年6月から施行されている（中小企業においては2022年4月から施行される）労働施策総合推進法（いわゆるパワハラ防止法）は、パワーハラスメントを防止するため、事業者に、適切な対応のための必要な体制の整備その他の雇用管理上必要な措置を講じることを求めています。具体的には、以下の措置を講じなければなりません。
・事業主の方針等の明確化およびその周知・啓発

- 相談に応じ、適切に対応するために必要な体制の整備
- 職場におけるパワーハラスメントに係る事後の迅速かつ適切な対応
- 相談者等のプライバシーを保護するために必要な措置の実施・周知
- 相談したこと等を理由とした不利益取り扱いがなされないことの周知・啓発

③ パワーハラスメントに該当しないように注意すべき点

　パワーハラスメントの類型のうち、圧倒的に数が多いのは「精神的な攻撃」です。

　上司は、部下のミスに対して、必要に応じて指導等する必要がありますが、その際、強く言い過ぎたり、思わず人格否定をしたりした場合に、パワーハラスメントに該当してしまうケースが生じます。パワーハラスメントに該当するかは、その指導が業務上必要かそうでないかがポイントです。例えば、指導の際に暴力を振るうことは当然不要ですし、怒鳴ったり大きな音を出すことも、業務に無関係で必要とはいえません。部下がどのようにすればよかったのかという点を丁寧に説明し、相手の駄目出しをするのではなく、自分の要望を伝えるのが適切な指導を行う際の一つのポイントであることを、研修等を通じて上司を含めた社員全体に伝えることが望ましいといえます。

セクシュアルハラスメントに当たるのは
どのような行為か

1 セクシュアルハラスメントの内容

　セクシュアルハラスメントは、相手方の意に反する性的言動を指します。

　性的言動とは、性的な内容の発言と性的な行動に分けられ、具体例として、以下の内容が挙げられます。

✓ セクシュアルハラスメントの具体例

性的な内容の発言	・性的な事実関係を尋ねること ・性的な内容の情報（噂^{うわさ}）を流布すること ・性的な冗談やからかい ・食事やデートへの執拗^{しつよう}な誘い ・個人的な性的体験談を話すこと
性的な行動	・性的な関係を強要すること ・必要なく身体へ接触すること ・わいせつ図画を配布・掲示すること ・強制わいせつ行為・強姦^{ごうかん}

　セクシュアルハラスメントの対象となる性的言動は、必ずしも男性から女性に対する言動に限られるわけではなく、女性から男性に対する言動や同性同士の言動も問題となり得ます。

　また、このセクシュアルハラスメントには「対価型」と「環境型」の二つがあります。「対価型」は、性的言動に対する労働者の対応（拒否や抵抗）により、その労働者が解雇、降格、減給等の不利益を受けるもので、例えば、事業所内における性的な発言について抗議した労働者を降格すること等が挙げられます。一方で、「環境型」は、性的言動により労働者の就業環境が不快なものになったとして、労働者の就労に支障が生

ずるもので、例えば、事業所内にヌードポスターを掲示しているため、労働者が業務に専念できない場合等が挙げられます。

2 相手方の「意に反する」について

セクシュアルハラスメントに該当するかどうかは、一定の客観性が必要であるものの、これに加えて相手方の意に反するものであることがポイントとなります。「相手方の主観」を重視するのがパワーハラスメントとは異なる点です。

では、相手方が嫌がっていなければ、相手方の意に反することにはならないのでしょうか。特に、職場においては、加害者から被害者に対し、被害者の意にそぐわない性的言動があったとしても、その被害者は、職場における人間関係が悪化しないよう、加害者に対する抗議や会社に対する被害申告を控えたりするケースが少なくありません。そのため、相手方が明確に拒否の姿勢を見せていなかったとしても、実際はその意に反するとして、セクシュアルハラスメントに該当する場合があり、近時の判例でも同様の判断が示されています。

3 事業主が講ずべき措置

セクシュアルハラスメントにおいても、厚生労働大臣の定める指針上、事業者は、パワーハラスメントと同様に、次の措置を講じることが求められています。
- 事業主の方針等の明確化およびその周知・啓発
- 相談に応じ、適切に対応するために必要な体制の整備
- 職場におけるセクシュアルハラスメントに係る事後の迅速かつ適切な対応
- 相談者等のプライバシーを保護するために必要な措置の実施・周知
- 相談したこと等を理由とした不利益取り扱いがなされないことの周知・啓発

4 セクシュアルハラスメントに該当しないように注意すべき点

　前記「性的な行動」にも挙げていますが、性的な関係の強要はもちろん、肩をもむなどの不必要な身体的接触も、セクシュアルハラスメントに該当する可能性があります。また、聞いた相手が不快に思うような性的な話題や卑猥な冗談も「性的な内容の発言」に該当し得ますし、そもそもコミュニケーションを図る上で必要とはいえず、避けるべきです。

　相手が明示的に嫌がっている性的言動を繰り返さないことは当然ですが、セクシュアルハラスメントの被害者は、明示的に嫌がる態度を示していなくても、加害者側が認識していない心理的圧力を受けている可能性もあります。社員に対しては、仮に、相手との間に信頼関係があると考えていたとしても、職場での性的言動は避けるべきであることを研修等を通じて伝えるのが望ましいです。

内部通報があった場合、どのように対応すればよいか

1 内部通報相談窓口の注意点

ハラスメントをはじめとする内部通報相談窓口を設置した場合、事案が発生してからの基本的な処理フローとして、以下の内容が考えられます。

```
┌─────────────────────────────────────┐
│            事案発生！                │
└─────────────────────────────────────┘
                ↓
┌─────────────────────────────────────┐
│ 相談者（被害者、第三者）から相談窓口への相談 │
└─────────────────────────────────────┘
                ↓
┌─────────────────────────────────────┐
│   ヒアリング（相談者、第三者、相手方）   │
└─────────────────────────────────────┘
                ↓
┌─────────────────────────────────────┐
│    認定した事実関係に基づく判断、通知    │
└─────────────────────────────────────┘
```

2 相談の受け付け

内部通報相談窓口への内部通報があった場合には、まず、相談者のプライバシーに配慮する必要があります。その際、今後の調査に当たり、相談者の名前を匿名とするかどうかについて、相談者の意向を確認することになります。ただし、相談者の名前を匿名とする場合には、調査可能な範囲が限られてしまい、必ずしも事案の解明に必要な調査ができない場合があるため、この点を相談者に理解してもらう必要があります。

また、公益通報を行ったことによる不利益取り扱いを禁止した公益通報者保護法の趣旨からも、内部通報相談窓口に相談したことにより、相談者に、解雇や降格、減給等をはじめとした不利益が生じないことも説

明する必要があります。

③ ヒアリングの実施

[1] 相談者へのヒアリングの実施

　まず、事案の全体像を把握するために、相談者に対してヒアリングを行いますが、セクシュアルハラスメント等の事案内容によっては、相談者が精神的ショックを受けている場合もありますので、あまり無理に事実関係を聞き出そうとすべきではありません。

　相談者への確認事項としては、主に以下の内容になります。

- 具体的な相談内容（誰が、いつ、どこで、どのように、何が行われたか）
- その行為を［受けて／見て］どのように対応したか
- 上司、同僚などへの相談の有無とその後の対応
- （自身が何らかの被害を受けた場合）その程度
- 証拠の有無（目撃者、同様の被害者、書類・メール・録音など）
- 要望する解決方法
- 事実調査の対象　など

　最後に挙げた「事実調査の対象」とは、例えば、相談者がある事案の被害者である場合、加害者に直接ヒアリングをしてしまうと、被害者による内部通報の事実が事実上加害者に伝わってしまい、場合によっては二次被害が生じてしまうことがあるため、加害者へのヒアリングを含めてどこまで事実調査を行うか、相談者の意思を確認するというものです。

[2] 加害者や第三者へのヒアリングの実施

　相談者の意向が確認できたら、関係資料の検討を経た上で、加害者へのヒアリングを実施することになりますが、基本的には相談者から聴取した事実関係に関する事項を確認し、加害者に弁明の機会を与えること

になります。また、その際には、相談者に報復することはもちろん、相談者と直接話し合うことを禁止する必要があります。

　また、以上のヒアリングを踏まえても、相談者と加害者の主張が真っ向からぶつかるなど、会社としての事実確認が十分にできない場合、当該事案を目撃するなどしていた第三者へのヒアリングが必要になる場合があります。ただし、その場合には、相談事案が関係者外に漏れるおそれが生じますので、その必要性について慎重に判断するとともに、相談者の了解を必ず事前に得ることが必要です。

4 事実認定に基づく判断、通知

　以上のヒアリングや関係資料をもとに、相談事案につき、会社として事実認定をすることになります。その上で、相談者に対しては、解決案（相談者が被った不利益の回復、加害者と相談者の物理的隔離、再発防止措置等）の提示をし、必要に応じて、加害者を処分の対象とすることになります。

労働組合から団体交渉の申し入れがあった場合、どのように対応すればよいか

1 団体交渉の申し入れ

　団体交渉とは、労働者が加入した労働組合が、労働条件をはじめとする労使間のルールを合意するために、使用者と交渉することです。一般的に団体交渉は、組合員の労働条件や待遇の改善を目的に労働組合側から申し入れられ、会社に団体交渉申入書が送付されてきます。

2 団体交渉申し入れに対する具体的な対応

　多くの場合、団体交渉申入書には、①使用者との間で協議すべき事項や②団体交渉の開催日時、開催場所等が記載されています。

[1] 使用者との間で協議すべき事項

　会社は、施設管理権や人事権等、会社の専権に属する事項について労働組合との交渉に応じる義務はありませんが、組合員である労働者の労働条件その他の待遇等については、誠実に交渉に応じる義務があります。例えば、組合員の解雇や雇止めの有効性、また、残業代の不支給等については、まさに労働者の労働条件に直結するため、団体交渉での協議事項となります。

　そのため、会社としては、まず、労働組合がどのような事項を協議事項として求めているかを確認の上、当該事項に関する事実関係の把握に努める必要があります。

[2] 団体交渉の開催日時、開催場所等

　労働組合との間で団体交渉を開催する日時、場所等に関する留意点を整理すると、次のとおりになります。

区分	留意点
開催日時	団体交渉申入書に第1回団体交渉の開催日時が指定されていることがあるが、必ずしもこれに従う必要はない。会社において準備にかかる時間も踏まえて、対応可能な日程調整を行うことになる
開催場所	こちらも労働組合から指定があっても、その指定に従う必要はない。また、自社の会議室や労働組合の事務所では終了時間を設けにくいため、時間制の外部の会議室を提案することも考えられる
開催時間	団体交渉が長引き過ぎないよう、上記場所の調整と併せて、あらかじめ終了時間を設定しておくことが望ましい

　このように、団体交渉の開催日時、開催場所等について、必ずしも労働組合からの要望をすべて受け入れる必要はありません。もっとも、労働組合から連絡があった場合には迅速な返答をし、担当者との間で適切なコミュニケーションを図っておくことが、団体交渉時の無用なトラブルを回避する意味でも肝要といえます。

③ 団体交渉時の留意点

　団体交渉は、1回の交渉では協議事項が解決せず、複数回交渉を重ねるケースも数多くあります。そのため、会社が誠実に交渉に対応したことを後で証拠として示すことができるように、議事録を作成しておくことが重要です。その上で、可能であれば議事録を労働組合と共有し、その内容に労働組合側も異議のないことを確認しておくことが望ましいです。

　また、団体交渉の席上で、突然、労働組合から何らかの提案があったとしても、直ちに受け入れることはせず、持ち帰って検討するほうがよいでしょう。

4 団体交渉に応じなかった場合の法的リスク

　会社は、団体交渉において誠実交渉義務を負っています。そのため、使用者との間で協議すべき事項について、労働組合との団体交渉に全く応じない場合や、団体交渉に応じたとしても具体的な回答を拒否したり、議題の内容について実質的な検討を行わないような交渉態度を示したりした場合には、誠実交渉義務違反があるとして、労働組合から不当労働行為を主張される可能性があります。

　一方で、会社には、労働組合からの要求を受け入れなければならない義務はありませんので、労働組合と長期間交渉したものの合意に達しなかったような場合には、会社側から団体交渉を打ち切るという判断も考えられます。ただし、労働組合が、労働委員会に対して救済を申し立てる可能性もあります。その場合には、審理に時間がかかり、紛争状態が長期化してしまうことに留意が必要です。

Q 偽装請負を回避するための注意点は何か

1 偽装請負とは

[1] 偽装請負の構造

　偽装請負とは、形式的には請負（委託）契約を締結していたとしても、実態としては労働者派遣がなされていることをいいます。つまり、本来、請負（業務委託）であれば、受注者が自身の雇用する労働者を指揮命令しなければなりません。発注者が受注者の雇用する労働者に対して直接指揮命令する場合は、労働者派遣契約の締結が必要となります。

　仮に、労働者派遣としてその業務を行う場合、そもそも派遣元が労働者派遣事業の許可を受けなければなりませんし、派遣先においても派遣可能期間が限定されていたり、派遣先責任者の選任や派遣先管理台帳の作成等のさまざまな義務が課されます。そのため、労働者派遣契約の締結なく、発注者が受注者の雇用する労働者に対して直接指揮命令するような偽装請負が行われてしまいやすい実態があります。もっとも、偽装請負が行われてしまうと、派遣法の潜脱がなされる結果、同法で規制されている中間搾取のおそれがあるばかりか、指揮命令系統が不明確になることにより、当該労働者の雇用主体が曖昧になってしまいます。

　このように、労働者に不利益が生じ、労働者保護が十分に図れない可能性があるため、偽装請負は禁止されているのです。

[2] 偽装請負の判断基準

　厚生労働省の指針（労働者派遣事業と請負により行われる事業との区分に関する基準）によれば、労働者派遣ではなく請負であるものとは、次の①②をいずれも満たすものをいいます。
①自己の雇用する労働者の労働力を自ら直接利用すること
②請負契約により請け負った業務を、自己の業務として当該契約の相手

方から独立して処理すること

そして、次のような場合には、違法な偽装請負と判断される可能性が
あるため、留意が必要です。

〈以下について、発注者自らが行っている場合〉
- 労働者の業務遂行に関する指示や管理
- 労働時間の管理（始業・終業時刻、休憩時間、休日、休暇の指示等）
- 時間外労働、休日労働、深夜労働等の指示
- 労働者の服務上の規律に関する指示や管理
- 労働者の配置の決定、変更
- 労働者が業務を遂行するのに必要となる資金、機材、設備等の用意

[3] 偽装請負が生じた場合の法的リスク

偽装請負が生じた場合、発注者と受注者ごとに、以下の法的リスクが
生じます。

✓ 偽装請負関係の罰則等

区分	発注者	受注者
派遣法	違法な労働者の受け入れにつき、行政指導、勧告、企業名公表等の対象となる可能性がある（派遣法 48 条、49 条の 2）	許可を受けずに、労働者派遣事業を行ったことにつき、1 年以下の懲役または 100 万円以下の罰金に処せられる可能性がある（派遣法 59 条 2 号）
職安法	労働者供給事業を行う者から供給される労働者を自らの指揮命令の下に労働させたことにつき、1 年以下の懲役または 100 万円以下の罰金に処せられる可能性がある（職安法 64 条 9 号）	労働者派遣事業を除く労働者供給事業を行ったことにつき、1 年以下の懲役または 100 万円以下の罰金に処せられる可能性がある（職安法 64 条 9 号）

また、偽装請負が生じた場合には、発注者が偽装請負について知らず、かつ、知らないことにつき無過失であったとき、発注者が労働者に対し、労働者と受注者との間の労働条件と同一内容の労働契約を申し込んだとみなされることになるため、留意が必要です。

２ 偽装請負を回避するための注意点

　偽装請負に該当するか否かの判断に当たっては、受注者が雇用する労働者に対する指揮命令が発注者から直接行われていないかといった業務遂行の実態が重要になります。

　そこで、

- 発注者が受注者の労働者に対して具体的な業務指示を行わず、受注者の責任者を通じて行う
- 発注者の労働者と受注者の労働者の就業場所を分ける

といった実態上の方策を取ることが、偽装請負の回避に当たって必要になるといえます。

従業員情報のモニタリングをする場合の注意点は何か

1 従業員情報のモニタリングをする場面

　従業員がどのような Web サイトを閲覧していたか、メールで他者とどのようなコミュニケーションを取っていたか等に関する情報（以下、従業員情報）について、会社がモニタリングを行う代表的な場面として不正検知が考えられます。一般には、①平常時の不正検知と②インシデント発生時の不正検知がありますが、各々の不正検知の目的と具体例は以下のとおりです。

区分	①平常時の不正検知	②インシデント発生時の不正検知
目的	機密情報を会社内から漏洩させるなど、不正の動機を有している者を見つけ出し、会社に生じ得る損害を未然に防ぐこと	インシデント発生の原因等を調査すること
具体例	従業員のファイルサーバーアクセス履歴、Web サイト閲覧履歴、勤怠履歴、メール履歴等を通じて、当該従業員の行動パターン等を分析し、不正に関するリスクがある場合には、必要に応じて管理者へ通知したり、会社に定期的にレポートで報告したりする	インシデントに関連するメールのチェック等。最近では、発生したインシデントに関連するメールについて、インシデント調査者の調査手法を自動学習することにより、一斉に抽出するといったシステムもある

2 従業員情報のモニタリングを行う場合の法的問題点

　従業員情報は、個人情報に該当し得ると同時に、当該従業員のプライバシーに関する情報となり得るので、不正検知を行うために、会社がこの従業員情報について当該従業員の同意なくモニタリングすることが、従

業員のプライバシー権侵害とならないかが問題となります。この点は、当該モニタリングの必要性・相当性を考慮する必要がありますが、以下、①平常時の場合と、②インシデント発生時の場合とに分けて説明します。

[1] 平常時の場合

　平常時における従業員情報のモニタリングは、例えば、過去に当該会社内で従業員による情報漏洩等が生じており、その予防策を図ることが急務であるといったような事情があれば別ですが、一般的には何らかのインシデント発生時に調査を行う場合と比較して、その必要性が高いとはいえません。また、これらの従業員情報のモニタリングは、そのモニタリングをすべき範囲が必ずしも明確ではなく、相当性が担保されているともいえません。

　そのため、平常時における従業員の同意なき従業員情報のモニタリングについては、プライバシー権侵害が成立する可能性があることから、就業規則等の社内規則に規定して従業員に対する周知を図るか、各従業員から個別の同意を取得すべきといえます。

[2] インシデント発生時の場合

　インシデント発生時に、当該インシデントに関与していることが疑われる従業員の従業員情報をモニタリングすることは、一般に、企業の円滑な運営上、必要かつ合理的です。

　一方で、当該モニタリングの相当性を担保する意味では、モニタリングの主体について一定の職務上の地位を有している者（例えば、担当部長等）に限定し、他の従業員はその内容に触れることができない体制を構築しておくこと、また、当該従業員が在籍した過去すべての期間の情報をモニタリングするのではなく、インシデントへの関与が合理的に疑われる期間に限ってモニタリングすること等、一定の工夫を図ることが望ましいといえます。

このように、インシデント発生時における従業員の同意なき従業員情報のモニタリングについては、前記の点に留意する限り、必要性・相当性が認められ、プライバシー権侵害は成立しない可能性が高いでしょう。ただし、無用なトラブルを回避する観点からは、従業員情報のモニタリングに関する社内規則を整備したり、従業員の個別の同意を取得したりしておくことが、より望ましいといえます。

労働紛争に関する内容証明が届いたら、どのように対応するか

1 従業員からの内容証明の送付

　従業員から会社に対して内容証明を送付する典型例として、例えば、以下のケースが考えられます。

①会社が従業員を解雇したり雇止めをしたりした際に、従業員側からその解雇や雇止めの無効を求めるケース

②未払残業代があるとしてその支払いを求めるケース

　こういった内容証明の送付は、一般に、その従業員がまだ会社に在職している場合にはそれほど多くないものの、その従業員が既に退職していると、一気にその割合が高まります。なぜなら、在職中は、人間関係や業務を円滑に進める点などから従業員側が内容証明の送付をためらうケースが多いですが、退職した場合にはそのような内容証明の送付を思いとどまらせる事情がなくなるためです。

2 内容証明が届いた場合の具体的対応

　では、実際に、従業員から内容証明が届いた場合、会社としてどのように対応すればよいでしょうか。

[1] 事実確認等

　会社の初動対応としては、事実確認と請求に法的な理由があるかの検討をする必要があります。

　もっとも、（元）従業員が、上記①の解雇や雇止めの無効を求めるケースと上記②の未払残業代の支払いを求めるケースでは、会社の検討の対象が異なります。①の解雇や雇止めのケースに関しては、会社として、いったん「解雇」あるいは「雇止め」といった判断をしていることから、

事実関係や当該判断に至った経緯について既に会社のほうで把握していることが通常であり、内容証明が届いてから会社が検討すべき主なポイントは、元従業員の請求の法的な理由の有無と内容証明への具体的な対応方法となります。

これに対して、②の未払残業代の支払いを求めるケースでは、管理監督者性の否定や固定残業代制度の不備等、会社がこれまで認識していなかった事実関係や問題点が初めて示される場合もあります。このような場合、内容証明が届いてから会社が検討すべき主なポイントは、その問題の基礎となる事実関係であり、ここで把握した事実関係を基に、内容証明に対して具体的に対応します。

[2] 回答期限

また、内容証明には、通常、回答期限が記載されているため、これを確認することが必要です。これは従業員側が一方的に設定した回答期限ですので、当該期限までに必ず正式な回答をする必要まではありません。ただし、この回答期限に遅れた場合、会社の対応が不誠実であるとして、直ちに労働審判の申し立てや訴訟提起がなされる可能性もありますので、会社としての事実関係の確認や具体的な対応に関する検討期間がさらに必要な場合には、回答可能日を明らかにするなどして、従業員側に一報を入れておくのが望ましいといえます。

[3] 交渉

さらに、会社としては、従業員から請求のあった事案を解決するために、従業員と交渉を行うケースがあります。もちろん交渉するからには、交渉でその事案を解決することが望ましいですが、交渉は必ずしも成立するとは限らない以上、後々、その事案が労働審判や訴訟等の長期的な紛争に発展することに備え、交渉内容を書面で記録に残しておく必要があります。

③ 早期解決の可能性

一般に、紛争が長期化することのデメリットとして、以下の内容が考えられます。

✓ 紛争が長期化した場合のデメリット

①	解決が遅れた場合、解決金が増額する ➡例えば、訴訟を経て解雇無効の判決が下ると、2～3年分の給与相当額を支払わなければならない場合もある
②	訴訟提起され、公開法廷で審理されると、会社のレピュテーションが低下する可能性もある ➡一方で、早期解決により合意書を締結し、その中に守秘義務条項を入れれば、レピュテーションの低下も防げることになる

会社として、事案の内容を慎重に見極めた上で、紛争の早期解決を積極的に進めるケースも多いです。

なお、従業員からの内容証明を放置した場合、既に述べたように、労働審判の申し立てや訴訟提起がなされる可能性が高まるとともに、従業員が労働基準監督署に相談し、その結果、会社が労働基準監督署から是正勧告や指導を受けることもありますので、いずれにせよ従業員から内容証明が届いた場合には、真摯な対応を心掛けることが肝要です。

Q 労働紛争の手続きには、どのようなものがあるか

1 労働紛争の解決手続きの種類

　何らかの労働紛争が生じ、当事者間での解決に至らず、第三者を交えての解決を図ることとなった場合、その解決手続きは、主として、以下の手段が挙げられます。

✓ 労働紛争の解決手続き

①都道府県労働局による紛争解決	総合労働相談
	都道府県労働局長による助言・指導
	紛争調整委員会によるあっせん
②労働委員会による紛争解決	あっせん・調停・仲裁
③裁判所による紛争解決	労働審判
	通常訴訟

　紛争解決手段としては、③裁判所による紛争解決が頭に浮かびやすいですが、①都道府県労働局による紛争解決や②労働委員会による紛争解決のほうが当事者にとって負担が少ない場合も多いので、それぞれの手続きの特徴を理解しておくのが望ましいです。

　以下、個々の手続きの概要を説明します。

2 都道府県労働局による紛争解決

　この紛争解決手段は個別労働紛争解決手続きとも呼ばれ、次ページの表の三つがあります。これらの手続きは、いずれも解雇、雇止め、配転、降格、降給等の個別労働紛争が対象となり、既に裁判に係属している紛争や、労働組合と使用者との間の集団的労働紛争については対象となりません。

✓ 個別労働紛争の解決手続き

手続き	概要
総合労働相談	・各都道府県の労働局や労働基準監督署等に総合労働相談コーナーが設置され、専門の相談員に、電話または面接によって相談する ・相談員は、相談内容に応じて一定のアドバイスをしたり、他の関係機関を紹介等する
都道府県労働局長による助言・指導	・相談者から申し出があった場合、総合労働相談の相談員等が相手方である企業の担当者から事情聴取を行い、おおむね1カ月以内に、解決案について助言・指導する
紛争調整委員会によるあっせん	・紛争当事者の一方または双方からあっせんの申請があり、都道府県労働局長が必要と認めたとき、紛争調整委員会でのあっせんが行われる ・あっせん委員が当事者の間に立って話し合いを促進することを目的としており、あっせん申請後、おおむね1～2カ月以内に開かれる期日の場で、両当事者の主張や必要に応じて参考人の意見を聴取し、解決案を提示する

　これらの手続きは、労働紛争について、迅速な解決を図る手段として利用されています。

③ 労働委員会による紛争解決

　労働委員会においては、労働組合を交えた集団的労働紛争（労働争議）が生じた場合、この労働争議の解決手続きとして、次ページの表の三つが用意されています。

　また、労働委員会においても、集団的労働紛争の解決だけでなく、個別労働紛争解決に向けた形での労働相談やあっせん手続きが行われています。

✓ 集団的労働紛争の解決手続き

手続き	概要	拘束性
あっせん	労働委員会の会長が指名するあっせん員が両当事者から事情を聴取し、あっせんの努力を行う手続き	あっせん案は、当事者を拘束しない
調停	労働委員会に設けられる調停委員会が関係当事者から意見聴取を行った上で調停案を作成し、その受諾を両当事者に勧告する手続き	調停案は、当事者を拘束しない
仲裁	労働委員会に設けられる仲裁委員会が両当事者に対し、拘束力のある仲裁裁定を下す手続き	仲裁案は、当事者を拘束する

4 裁判所による紛争解決

　裁判所による紛争解決手段としては、主として、労働審判と通常訴訟がありますが、両者の相違点は、以下のとおりです。

✓ 労働審判と通常訴訟の違い

区分	労働審判	通常訴訟
手続きの主宰者	労働審判委員会（裁判官、使用者側委員、労働者側委員の３人で構成）	裁判官
期日の回数	原則として３回以内に、和解または審判が行われる	制限なし
公開／非公開	非公開	公開

　このように、労働審判は、裁判所による迅速な解決を図る手続きであり、申し立てからおおむね３〜４カ月で一定の解決案が示されることになりますが、和解が成立せず、審判がなされた結果、当事者の一方または双方が審判の送達または審判の告知があった日から２週間以内に異議を申し立てた場合には、通常訴訟に移行することになります。

退職合意書を締結する場合の注意点は
どのようなものか

1 退職合意書を締結するメリット

　従業員が会社を退職する際、退職後のトラブルを防止するために、会社と退職する従業員との間で、退職合意書を締結することがあります。従業員の退職に当たって既に何らかの紛争が顕在化している場合はもちろん、これが顕在化していない場合であっても、会社としては、その従業員が退職してしまうと、従業員を雇用契約や就業規則等で拘束することができません。そのため、その従業員に対して必要以上に金銭を支払うことや機密情報の流出等を防止する意味でも、退職合意書の締結は効果的です。

2 退職合意書の内容

　退職合意書のポイントとなるのは、主として、以下の項目です。

✓ 退職合意書のポイント

- ・退職日付、離職事由に関する項目
- ・未払賃金、退職金等の会社の支払いに関する項目
- ・退職条件に関する項目
- ・秘密保持義務に関する項目
- ・退職合意書違反があった場合に関する項目
- ・清算条項に関する項目

[1] 退職日付、離職事由に関する項目

　退職日付については、会社と従業員間での認識を共有しておくためにも明記する必要があります。

　また、従業員は、自身の失業保険の受給時期や金額等にも関わるため、

離職事由として会社都合であることを明記するよう求めてくることが多いですが、この点は、会社として、当該従業員が退職に至るまでの経緯を確認した上で判断すべき内容です。

[2] 未払賃金、退職金等の会社の支払いに関する項目

会社と従業員双方にとって大事な点であり、そもそも会社に支払義務のある金銭債務が生じているか、仮に生じている場合、いつまでに、幾らの金額を支払う必要があるかを協議によって確定させる必要があります。

なお、支払費目について、「賃金として」であるとか「退職金として」といった形で記載することもありますが、特に従業員との間で紛争状態にある場合には、支払費目を明確にしない趣旨で「解決金として」といった表現が用いられることも多いといえます。

[3] 退職条件に関する項目

退職条件に関する項目の具体例としては、例えば、適切に引き継ぎを行うことや会社からの貸与物の返還等があります。この場合、引き継ぎの内容や従業員から会社に返還すべき物（貸与 PC、社員証等）を具体的に特定し、明記しておく必要があります。

なお、競業避止義務に関する条項を定める場合には、後掲 286 ページの点が留意すべき内容です。

[4] 秘密保持義務に関する項目

在職中の業務内容等について秘密保持義務に関する条項を定める場合には、後掲 287 ページの点が留意すべき内容です。他方で、特に、退職の際に従業員との間で紛争状態にあった場合、会社としては、その従業員に対する退職時の支払金額等を秘匿しておきたい要請が強いため、退職合意書の内容やその締結経緯についても秘密保持義務を定めることが

多いです。

[5] 退職合意書違反があった場合に関する項目

　例えば、従業員側に退職合意書違反があった場合、退職合意書に基づいて、その従業員に、退職金等、会社の支払った金員を返還させるといった内容の条項を設けることが考えられます。ただし、賃金を返還させる内容の条項については、賃金全額払いの原則との関係で問題が生じ得るため、注意が必要です。

[6] 清算条項に関する項目

　会社が従業員に対する追加での金銭の支払義務を負わないためにも「（会社および従業員は）本合意書に定めるもののほかに、一切の債権債務関係がないことを相互に確認する」という内容の清算条項を設けておくことが重要です。

③ 退職合意書を締結するために必要なこと

　会社としては、おおむね以上の項目をポイントとした退職合意書を締結することが望ましいですが、従業員の中には退職合意書の締結に否定的な者もいます。もっとも、退職合意書の締結は、従業員にとっても、退職に当たっての会社からの支払金額が明確になるなど一定のメリットがあるものです。会社としては、こういった従業員にとってのメリットも説明の上、従業員との間で真摯な協議をし、退職合意書の内容について十分に理解をしてもらうことが肝要です。

労働基準監督署から調査を求められたが、どのように対応すればよいか

1 労働基準監督署の調査（臨検・監督）とは

[1] 全体像

労働基準監督署の調査のフローは以下のとおりです。

✓ 労働基準監督署の調査フロー

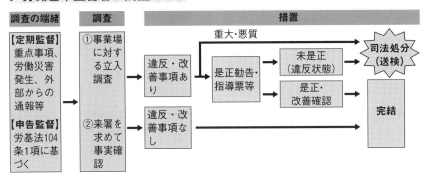

[2] 労働基準監督署の調査趣旨

労働基準監督署では、主に次の趣旨で調査が実施されています。

①労働行政の重点事項（例：長時間労働やサービス残業等）の履行状況を確認する

②労働災害の発生状況（労災請求を含む）や再発防止対策の実施状況を確認する

③労働者や関係機関等外部から提供された通報内容に問題がないか確認する

④労基法 104 条 1 項に基づき申告内容に問題がないか確認する

2 立入調査への対応

[1] 担当官が突然訪問した場合の対応

　労働基準監督署による事業場への立入調査は、労基法 101 条 1 項に基づき行われる法定調査であり、これを拒否した場合に、違反として処罰の対象となり得ます。したがって、労働基準監督署の立入調査を拒否することはできず、できる限り丁寧に応じることが望ましいといえます。

　もっとも、立入調査は、通常、予告（連絡）なく実施されますので、当日は可能な範囲で対応すれば足ります。やむを得ず対応できない場合には、担当官と日程調整した上で改めて調査に応じることも可能です。

[2] 調査時の対応

　定期的な監査（定期監督）の場合、基本的には、次の事項について調査されることが多いため、これを念頭に置いて調査に臨むとよいでしょう。

【一般労働条件関係】

①会社概要（事業内容、組織・部署）

②労働者の構成（人数、雇用形態、外国人や障害者の有無、管理監督者の範囲）

③基本的な労働条件（所定労働時間、休憩、適用している労働時間制度、最低賃金、賃金の構成・要件、計算方法）

④法令上作成が義務づけられている書類の有無、内容（労働者名簿、労働条件通知書、就業規則、36 協定等の労使協定類、賃金台帳）

⑤労働者の勤務実態（時間外・休日労働の状況、年次有給休暇の取得状況）

⑥賃金の支払い状況（割増賃金、代休・振替の処理等）

【安全衛生関係】

①常時 50 人以上の場合の衛生管理体制（衛生管理者・産業医の選任、届け出状況）

②常時 50 人以上の場合の衛生委員会の設置（委員構成含む）、開催（月 1 回以上）、審議事項（法定事項が審議されているか等）

③健康診断の実施状況、受診率、報告状況（常時 50 人以上の場合）

④長時間労働者に対する医師の面接指導等の実施の有無、実施状況

⑤メンタルヘルス対策の取り組み状況（対策の実施計画や体制、相談窓口の整備、従業員に対する教育や情報提供の方法、ストレスチェックの実施状況等）

労働基準監督署から指導を受けたが、どのように対応すればよいか

1 労働基準監督署が行う措置の種類・内容

労働基準監督署が調査終了後に行う措置の種類・内容は、以下のとおりです。

✓ 労働基準監督署が行う措置

措置の種類	措置の位置づけ	措置の内容
是正勧告	行政指導	労基法、安衛法等の定めに違反している場合に、違反であることを確認（勧告）する場合に行う措置
指導票	行政指導	労基法、安衛法等の定めに違反している内容について補足する場合や違反していないが改善を求める場合に行う措置
特殊な指導	行政指導	過重労働対策を講じさせる観点から改善を促す場合、企業名公表の対象となり得ることを通知する場合、その他是正勧告や指導票以外で改善を求める場合に行う措置
使用停止命令、変更命令等	行政処分	安衛法等に定める安全衛生上の措置義務違反（例：接触防止用カバーが付けられていない、手すり等の墜落防止措置が講じられていない等）が認められる場合に使用停止や変更を命じる等の措置
司法処分（送検）		行政指導や行政処分をしても是正しない場合、法違反に起因して死亡等の重篤な災害を発生させた場合（過労死・過労自殺等含む）、労災隠しをした場合など重大・悪質な事案について、刑事訴訟法に基づき行われる措置

② 行政指導を受ける場合の留意点

　労働基準監督署による調査が終了した後、前記①のとおり法令違反が認められた場合には是正勧告による措置を、法令違反はないものの改善事項がある場合には指導票等による措置を受けることになります。なお、法令違反や改善事項がなければ指導されることはありません。

　担当官にもよりますが、これらの指導文書は、立入調査の時点で交付されるか、あるいはいったん担当官が持ち帰って検討し、後日労働基準監督署に呼ばれて受け取ることになります。

　あらかじめ行政指導の有無やその内容について把握しておきたい場合は、調査終了後に担当官がどのような点を問題と考えているか、念のため確認するとよいと思われます。担当官によっては資料の見方や会社側の説明を誤解している可能性もあるため、担当官が指導文書を作成する前に説明して誤解を解いておくことも考えられます。

　また、指導文書を手交されるときに、会社担当者に受け取りのサイン（署名・押印）を求められますが、事実認定の内容に問題がないことが確認された場合には、署名・押印して差し支えありません。指導文書は事実を確認する文書であり、責任を問う性質の文書ではないからです。もっとも、事実認定に誤解がある、あるいは許容することができないときは、署名・押印せず、いったん指導文書を持ち帰って、組織的検討をした上で、後日、署名・押印したものを担当官に渡すことも考えられるでしょう。

　是正勧告により違反を指摘された事項については必ず是正する方向で検討し、是正するまでに時間を要する場合には、その理由を担当官に説明して理解を求めるとよいでしょう。違反状態が継続したまま放置すれば、再度、是正勧告を受けることとなり、場合によっては遵法意識が低いとみなされ、重大・悪質な事案として司法処分（送検）を受けるおそれがあります。したがって、是正勧告を受けた場合には、特に注意して対応する必要があるといえます。

懲戒処分

懲戒処分を行うに当たって気をつけるべきこと は何か

1 懲戒処分の有効要件

　労契法 15 条は、「①使用者が労働者を懲戒することができる場合にお いて、当該懲戒が、当該懲戒に係る労働者の行為の性質および態様その 他の事情に照らして、②客観的に合理的な理由を欠き、③社会通念上相 当と認められない場合」には、懲戒処分は無効とする旨を定めています。

　これに対応して、懲戒処分を有効に行うためには、①就業規則上の根 拠規定の存在、②懲戒事由への該当性、③相当性が必要となるものと解 されています。

2 就業規則上の根拠規定の存在

　懲戒権は労働契約の性質から当然に認められるものではないため、就 業規則において、懲戒の対象となる事由（理由）およびこれに対する懲 戒の種別（種類・内容）が定められている場合に限り、その範囲内で行 うことができるものと解されています。

　そのため、例えば、就業規則において出勤停止（懲戒の種別）に関す る規定が設けられていないにもかかわらず、従業員に対して出勤停止処 分を科すことはできません。

　また、懲戒権が就業規則により根拠づけられるものである以上、その 就業規則が従業員に周知されていることが必要です。

3 懲戒事由への該当性

　2のとおり、懲戒処分については、就業規則に定める懲戒事由の範囲 内でなければ行うことができないため、懲戒事由は抽象的かつ広範に規 定されることが一般的です。

もっとも、労契法では、「客観的に合理的な理由」でなければ懲戒処分は認められないとされていますので、裁判所は、就業規則で（抽象的かつ広範に）定められた懲戒事由をそのまま適用せず、「客観的に合理的な理由」の範囲に限定解釈した上で、就業規則上の懲戒事由の該当性と「客観的に合理的な理由」の存否を一体として判断する傾向にあります。

　例えば、従業員が私生活上の犯罪行為により起訴された場合において、就業規則上「不名誉な行為をして会社の体面を著しく汚したとき」という懲戒事由が設けられていたとしても、これをそのまま適用することは認められず、「会社の社会的評価に及ぼす悪影響が相当重大であると客観的に評価される場合」に限って適用することが認められます。

4 相当性

　懲戒事由に該当する場合であっても、「行為の性質および態様その他の事情に照らして……社会通念上相当と認められない場合」には、懲戒処分は無効となります。「社会通念上相当」かどうかの判断に当たっては、次の原則が考慮されます。

✓ 相当性の判断

> **(1)比例原則（相当性の原則）**
> 　懲戒事由と処分内容が釣り合っていること（懲戒事由に照らして重過ぎる処分内容でないこと）
> **(2)平等原則（公平性の原則）**
> 　先例に照らして、同一の程度の懲戒事由については同一の程度の処分内容となっていること
> **(3)罪刑法定主義**
> 　制裁罰としての性質上、刑事処罰における罪刑法定主義類似の諸原則を満たしていること（懲戒事由の類推解釈の禁止・遡及処罰の禁止・二重処罰の禁止等）
> **(4)適正手続き（手続き上の相当性）**
> 　就業規則または労働協約上で定められている手続きを履践していること（および特段の事情がない限り弁明の機会が付与されていること）

これらのうち、もっとも争点となりやすいのは、(1) 比例原則（相当性の原則）であり、裁判例においても、懲戒事由自体は認められるものの、当該行為の性質・態様や対象者の勤務歴、情状などを適切に斟酌していない（処分内容が重過ぎる）として、無効と判断されたものが多数存在します。

Q どの程度の懲戒処分であれば行ってもよいか

1 懲戒処分の種別

　会社は、就業規則に定める種別（種類および内容）の懲戒処分を行うことができます。そのため、懲戒処分の種別については会社によっても異なりますが、次の種別の懲戒処分が設けられることが通例です。

✓ 懲戒処分の種別

(1)戒告・譴責

　　戒告・譴責とは、いずれも従業員の将来を戒める処分だが、一般的には、戒告については始末書の提出を求めない一方、譴責については始末書の提出を求めるという点に違いがある。

　　なお、懲戒処分として始末書の提出を求めた場合において、従業員が始末書の提出を拒んだとしても、基本的にはこれに対して新たな懲戒処分を行うことはできない。

(2)減給

　　減給とは、制裁として従業員が行った労務提供の対価として受け取るべき賃金から一定額を差し引く処分をいう。

　　労基法上、①1回の事案に関する減給額は平均賃金の1日分の半額以内、②数回の事案に関する減給の合計額は1賃金計算期間における賃金総額の10分の1以内という制限が設けられている（労基法91条）。

(3)出勤停止

　　出勤停止とは、労働契約を存続させながら、制裁として一定期間の労務提供を禁止する処分をいう。従業員は、労務提供が禁止されることに伴い、（就業規則上労務提供を行わない場合には賃金を支払わない内容となっていれば）当該期間中の賃金の支給を受けられなくなることになる。

　　出勤停止については、そもそも「労務提供の対価として受け取るべき賃金」自体が発生しないため、(2)の減給に関する制限は受けない。

(4)降格

　　降格は、制裁として役職・職能資格・職務等級等を引き下げる処分をいう。

　　降格により労働契約上の賃金額が将来に向かって減額される場合であっても、出勤停止と同様に、既に発生した賃金を減額するものではな

いため、(2)の減給に関する制限は受けないのが原則だが、「降格」と称していても、職務内容等を変更しないまま賃金額を減額した場合には当該制限の対象になり得る。

(5)諭旨退職・諭旨解雇

　諭旨退職とは、制裁として、退職願または退職届の提出を勧告し、これに応じない場合は懲戒解雇とする処分をいう。

　諭旨解雇についても諭旨退職と同様の処分として規定されることが多いが、(退職届等の提出は勧告せず) 諭旨した上で解雇する処分を意味するケースもある。

(6)懲戒解雇

　懲戒解雇とは、制裁として一方的に労働契約を解消 (解雇) する処分をいう。

　懲戒解雇を行う場合であっても、解雇予告規制(労基法20～22条)は適用されるため、当然に即時解雇とすることが認められるわけではない。

　懲戒処分の種別は上記のものに限りません。会社によっては、昇給停止・法定外休暇の制限などを定めるケースや、戒告以外の処分であっても併せて始末書の提出を定めるケースもあります。また、就業規則で明確に定められていれば、二つ以上の処分を組み合わせて行うこと (併科) も可能です。

2 懲戒処分の種別の選択における留意点

[1] 概要

　懲戒処分の種別を選択するに当たっては、「①平等原則 (公平性の原則)」と「②比例原則 (相当性の原則)」に留意する必要があります。

　まず、「①平等原則 (公平性の原則)」との関係では、(i)過去に同種行為が発生したことがあるか、(ii)ある場合には、いかなる種別の懲戒処分を行ったか(あるいは行わなかったか)、(iii)過去とは異なる種別の懲戒処分を選択する場合には、今回の対象事実と過去の事例における対象事実の間に処分内容の違いを肯定できるだけの差異があるか、を確認・検討することが必要です。

次に、「②比例原則（相当性の原則）」との関係では、以下のとおり、「行為の性質および態様その他の事情」に対する適正な評価が重要となります。

[2] 行為の性質

懲戒処分は、会社が企業秩序（事業活動の円滑な運営・遂行）を維持するために認められているものであるため、対象事実の評価に当たっても、企業秩序の侵害の程度の大小という観点から行うことが必要です。

例えば、従業員の私生活上の非行は、それ自体社会的に非難されるべきものであったとしても、職務遂行に関連する行為ではないため、会社の事業活動や社会的評価に悪影響を及ぼすことが客観的に認められるものでない限り、原則として懲戒処分の対象とはなりません。これに対し、会社の金品の横領等の行為については、会社の財産権を故意に侵害するものであり、かつ、利欲的な行為として会社に対する背信性も高いことから、厳しい懲戒処分も許容される傾向にあります。

[3] 行為の態様

同じ性質の行為であったとしても、従業員の地位・職務内容との関連性や、当該行為の回数・頻度・期間などの行為態様によっても企業秩序の侵害の程度は異なり得ます。

例えば、交通費（経費）の精算において1回少額の不正請求を行ったケースと、長期間にわたり多額の現金を着服していたケースでは、当然のことながら事案の軽重は異なります。

[4] その他の事情

その他の事情としては、過去の勤務歴や、同種行為に関する懲戒歴の有無、反省・弁償の有無、当該行為の動機・目的などが考慮対象となります。

懲戒処分の手続きはどのように行えばよいか。また、処分後に公表してもよいか

1 懲戒処分に関する適正手続き

懲戒処分は、「社会通念上相当であると認められない場合」には、その権利を濫用したものとして無効になります。この「相当性」には、手続き上の相当性も含まれると解されているため、懲戒処分を有効に行うためには、まず、適正な手続きを履践する必要があります。

適正な手続きの内容としては、①就業規則または労働協約に定める手続きの遵守、②弁明の機会の付与に大別されます。

2 就業規則または労働協約に定める手続きの遵守

就業規則上、次のような手続きが定められていることがあります。これらの手続きが定められている場合には、当該手続きを履践しなければ、手続き上の相当性を欠くものとして、懲戒処分は原則として無効と判断されます。

> **就業規則に定められる懲戒処分の手続き例**
> ・賞罰委員会（懲戒委員会）による審議
> ・賞罰委員会（懲戒委員会）への対象者の出席
> ・処分検討対象事実の告知・口頭または書面による弁明の機会の付与
> ・懲戒処分通知書の交付
> ・懲戒処分告知後の異議申し立て手続き
> **労働協約に定められる懲戒処分の手続き例**
> ・労働組合との事前協議
> ・賞罰委員会（懲戒委員会）における労働者側委員の出席

3 弁明の機会の付与

就業規則または労働協約において特段の定めがない場合であっても、

懲戒処分が一方的な制裁措置であることからすれば、特段の事情がない限り、対象者には弁明の機会を与える必要があるという見解が有力です。この点に関する裁判例の判断は分かれていますが、実務上は、できる限り弁明の機会を与えておくことが無難といえます。

　また、対象者の弁明をあらかじめ聞いておくことで、より確度の高い事実認定が期待できるとともに、紛争に至った場合における対象者の主張を事前に予測することもできるため、こういった観点からも、実施することに支障がない限りは、弁明の機会を与えておくことが望ましいでしょう。

4 懲戒処分通知書

　就業規則や労働協約において交付手続きが定められていない場合には、懲戒処分通知書を交付する必要はありません。

　もっとも、懲戒処分の内容や処分対象事実を対象者に明確に伝えることで、処分対象事実が不明確であることに起因する紛争を抑止することができ、また、本人の反省も促すことが期待できることから、実施することに支障がない限りは、懲戒処分を決定した時点で、懲戒処分通知書を本人に交付することが望ましいところです。

　ただし、懲戒処分を決定した時点でその根拠（理由）としていなかった事実については、事後的に懲戒処分の理由に加えることはできないので、懲戒処分通知書を作成する場合には、処分対象事実と、それに適用される就業規則上の条項を漏れなく記載しておく必要があります。

5 懲戒処分の公示・公表

　懲戒処分を行った場合に、同種行為の再発防止の観点から社内に公示することがあります。また、取引先等の社外関係者に対する非違行為があった場合には、社外関係者の信用回復等の観点から、社外に公表することを検討するケースもあります。

もっとも、懲戒処分の公示・公表については、対象者の名誉・信用を低下させるおそれがあるため、その必要性に照らして必要最小限の内容・表現にとどめる必要があるとされていることから、慎重にならなければなりません。

　特に問題となるのは対象者の氏名等の公示・公表ですが、社内における再発防止等という観点からは、処分対象事実の概要・懲戒処分の内容が公示・公表されていれば足りると考えられるため、氏名等の対象者を特定できる情報の公示・公表は原則として避けるべきと考えます。

　また、ハラスメント行為など被害者が存在する非違行為に対する懲戒処分の場合には、被害者を特定できる情報は公示・公表しないなど、被害者の名誉やプライバシーにも配慮すべきでしょう。

懲戒処分前に自宅待機としてもよいか。また、処分と同時に降格や配置転換を行ってもよいか

1 自宅待機

　従業員の非違行為の存在が疑われる場合、会社としては、事実関係の調査を行うことになります。調査が完了するまでの間、証拠の隠滅や被害の拡大を防止するために、出勤してほしくない場合もあるでしょう。

　このような場合には、会社の指揮命令権（業務命令）の一環として、自宅待機を命じることが可能ですが、以下の2点について注意する必要があります。

　まず、自宅待機命令は業務命令の一環として行われるものであることから、通常の勤務と同様に賃金を支払う必要があります。仮に賃金を支払わずに自宅待機を命じた場合には、その自宅待機命令そのものが懲戒処分（出勤停止）の性質を有するものと評価され、その後の懲戒処分が二重処分の禁止（同じ事案をもって、重ねて懲戒処分を行ってはならないこと）に抵触し無効となる可能性も否定できません。

　また、業務命令の内容・範囲については、原則として会社の広範な裁量に委ねられていますが、①必要性がない場合、②不当な動機・目的に基づく場合、③従業員が通常甘受すべき程度の不利益を著しく超える不利益が生じる場合などには、指揮命令権の濫用として、その業務命令は違法となります。調査期間中における証拠隠滅や被害拡大を防止する必要性が認められるケースも少なくないと考えられますが、そういったおそれが認められないケースや、自宅待機期間が不必要に長期にわたっているケースについては、自宅待機命令が違法と判断される可能性も否定できない点に注意が必要です。

2 懲戒処分に伴う降格・配置転換

　懲戒処分ではない役職・職位の降格（降職）や配置転換については、人事権（指揮命令権）の一環として、会社の広範な裁量に委ねられています。これに対し、自社の制度が職能等級制度による場合、職能等級制度自体が通常は等級の引き下げを予定していない制度であることから、職能等級の降格については就業規則等における明確な根拠が必要であり、そうでない場合には、無効になるものとされています。

　人事権の行使としての降格・配置転換については、たとえ懲戒処分と同時に行っても、二重処分の禁止には抵触しないと考えられます。また、人事権の行使に当たり、労働力の適正な配置という観点から、職務上の不適格性や職務遂行能力の欠如を示す事由として、懲戒処分の対象事実の存在を参酌することも認められるでしょう。

　しかしながら、懲戒処分と同時に降格・配置転換を行った場合において、会社としては人事権の行使として降格・配置転換を行ったつもりであっても、客観的にみて、企業秩序違反に対する制裁罰として降格・配置転換が行われたと評価できる場合には、懲戒処分と降格・配置転換は、二重処罰の禁止に抵触し、両方が無効となるものと考えられます。また、懲戒処分はせずに降格・配置転換だけを行った場合でも、例えば、降格・配置転換の参考とした処分対象事実の内容・性質が労働力の適正な配置とは無関係である場合や、就業規則において降格・配置転換が懲戒処分の種別として認められていないために形式上人事権の行使として行った場合には、かかる降格・配置転換は違法無効となる可能性が高くなります。

懲戒解雇の場合でも、解雇予告手当や退職金等の支払いは必要か

1 解雇予告規制

　会社は、従業員を解雇しようとする場合には、原則として少なくとも30日前までにその予告をしなければならず、その予告を行わない場合は、30日分以上の平均賃金（いわゆる解雇予告手当）を支払う必要があります。

　例外として、①天災事変その他やむを得ない事由のために事業の継続が不可能となった場合、または、②従業員の責に帰すべき事由に基づいて解雇する場合には直ちに解雇することができますが、これらの場合であっても労働基準監督署長の認定を受けなければなりません。

　懲戒解雇の場合であってもこれらの規制は適用されるため、手続きなしに即時解雇することは認められません。したがって、解雇予告および解雇予告手当の支払いを行わずに懲戒解雇しようとする場合には、②従業員の責に帰すべき事由に基づく解雇であるとして、労働基準監督署長の認定を受ける必要があります。

　もっとも、②の場合における労働基準監督署長の認定は、解雇予告規制による保護が不要であるといえる程度に重大または悪質な場合に限って行うものとされており、具体的には次ページ上段のような基準に従って判断されます。

　そのため、懲戒解雇に相当する事由が存在していた場合であっても、認定が受けられるとは限らない点に留意する必要があります。

✔ 解雇予告規制が除外され得る重大・悪質な事案の例

①窃盗、横領、傷害等刑法犯に該当する行為のうち、以下に該当する場合
　⑴会社内において刑法犯に該当する行為（極めて軽微な事案を除く）を
　　行った場合
　⑵極めて軽微な事案であっても、会社が諸種の防止手段を講じていたに
　　もかかわらず、継続的・断続的に刑法犯やこれに類する行為を行った
　　場合
　⑶会社外における刑法犯に該当する行為であっても、著しく会社の名誉・
　　信用を失墜させ、取引関係に悪影響を与え、または労使間の信頼関係
　　を喪失させる場合
②賭博や職場の風紀・規律を乱す行為により、他の従業員に悪影響を及ぼ
　す場合（会社外で行われた場合であっても、①⑶を満たす場合を含む）
③採用条件の要素となるような経歴を詐称した場合
④他の会社に転職した場合
⑤２週間以上正当な理由なく無断欠勤し、出勤の督促に応じない場合
⑥遅刻・欠勤が多く、数回にわたって注意を受けても改めない場合

2 退職金の不支給・減額

　懲戒解雇を行う場合には、退職金の不支給や減額を伴うことが少なく
ありませんが、1の即時解雇と同様に、懲戒解雇に相当する事由が存在
していたとしても、退職金の不支給や減額が、当たり前に認められるも
のではありません。

　第一に、退職金も労働契約の要素である「賃金」の一種であることか
ら、これを不支給や減額とするためには、就業規則（退職金規程等）に
おいて、その根拠となる条項が設けられている必要があり、かつ、当該
条項で定める範囲内でのみ行うことが可能です（根拠条項がない場合で
も、重大な非違行為があった場合には、退職金請求自体が権利濫用であっ
て認められないとされる場合もありますが、極めて例外的なケースで
す）。

　第二に、退職金の不支給・減額条項については、合理性が認められる
範囲内でのみ有効と認められます。一般に、退職金については、「賃金の

後払い」「功労報償」「退職後の生活保障」等の性質を有するものとされているところ、退職金の不支給・減額条項の合理性が認められるのは、①退職金が「功労報償」としての性質を有する場合において、②過去の功労が抹消または減殺されたと評価し得るほどの重大な背信行為があった場合に限られるものと解されています。

そのため、ポイント制退職金制度の場合や通常の退職金と前払い退職金（月例賃金としての支払い）を選択できる制度の場合など、「賃金の後払い」としての性質が強い退職金制度においては、退職金の不支給・減額条項はそもそも無効と判断される可能性が高いと考えられますし、退職金の全額不支給が認められるのは極めて重大な事案に限定される点に留意する必要があります。

Q 会社はどこまで社員の行動を制限できるか

1 企業秩序の維持と従業員の権利・自由

　会社には、企業秩序維持の観点から、労働契約または就業規則に基づき、一定の範囲で従業員の行動を制限することが認められています。もっとも、従業員には、保護すべき利益として、人格権や職業選択の自由、私生活上の自由などが認められているため、これらを制限する場合には、企業の円滑な運営上の必要性があり、かつ、従業員の権利・自由を過度に侵害しない合理的な範囲内でなければならないものとされています。

　従業員の副業・兼業の禁止（220 ページ）や競業避止義務・秘密保持義務（286 ページ）も、上記の観点から無制限にできるわけではありません。

2 服装・ひげ等の容姿に関する制限

　服装や容姿の選択は、いずれも従業員個人の人格権に属する事項ですので、無制約に禁止・制限することはできません。服装に関していえば、危険を伴う業務に従事する従業員に対して安全靴・ヘルメット等の防護装備の着用を義務づけることなどは許容されますが、通勤中の服装について厳しく制限することは、特段の必要性がない限り認められない可能性が高いと考えます。

　また、服装とは異なり、髪形・髪色やひげなどの容姿に関する事項については、私生活との区分が容易ではないため、その制限については慎重対応が必要です。裁判例では、郵便事業職員の「長髪」「ひげ」を禁止した規定について、「顧客に不快感を与えるようなひげ及び長髪」の禁止に限定解釈した事例などもあります。制限可能な範囲は、担当業務の性質（渉外対応の頻度・顧客の属性等）によっても異なりますが、「長髪」「染髪」「ひげ」「無化粧」などを一律に禁止する規定が全面的に有効と認められるケースはほとんどないでしょう。

③ 販売活動・宗教活動・政治活動等に関する制限

　220 ページのとおり、就業時間外に行う副業・兼業については、職場秩序に影響を与えず、会社に対する労務提供に支障を生じさせない限り、これを制限することは認められません。もっとも、就業時間外であっても、他の従業員に対する販売活動や宗教活動、政治活動等については、従業員間の紛争を招き、職場秩序を悪化させるおそれがあるため、職場秩序を悪化させるおそれのない平穏な態様・方法と評価し得る場合は別として、基本的にはこれらを制限することも認められると考えます。

　ただし、労働組合に関する活動を制限することは、不当労働行為に該当するケースもあるため、慎重な対応が求められます。

④ 私生活上の非行・信用低下に対する制裁等

　従業員が私生活上の犯罪行為（暴行・痴漢・飲酒運転等）で有罪判決を受けた場合や、反道徳的行為（不倫等）が発覚した場合、あるいは、破産や賃金の差し押さえなど従業員の信用状態が明らかに悪化している場合には、これに対する制裁や配置転換等を考える会社もあります。

　もっとも、275 ページで述べたとおり、私生活上の非行や信用低下は、通常は、職務遂行や職場秩序に具体的な影響を及ぼす事項ではないため、これを理由とした制裁（懲戒処分等）は原則として認められません。

　ただし、鉄道会社の職員が電車内で痴漢した場合や、バス・トラック等の運転手が飲酒運転を行った場合など、業務内容と行為態様が密接に関連しており、職場秩序に悪影響を及ぼすと評価できる場合には、（事案の軽重や会社名の報道の有無、顧客からの苦情の有無などにもよりますが）一定の限度で制裁等を行うことも認められるでしょう。

　また、金銭管理を担当している従業員について信用問題が生じたような場合、それ自体は企業秩序を侵害したとはいえないため懲戒処分は原則として認められませんが、金銭に関する資質を理由として、金銭を取り扱わない業務に配置転換することは認められるものと考えます。

Q 退職後も競業避止義務や秘密保持義務を課してもよいか

1 退職後の競業避止義務

　従業員は、会社在職中は、労働契約上の付随義務として競業避止義務を負うものと解されていますが、退職後は、競業避止義務を負わないのが原則です。これに対して、会社としては、企業秘密の保護等を目的として、就業規則または誓約書等により、退職後も競業避止義務を定めることがあります。

　もっとも、退職後の競業避止義務は、従業員の職業選択の自由を制限することに加え、競争行為の制限による不当な独占を招くおそれもあることから、その有効性については、労契法7条の合理性（就業規則による制限の場合）や民法90条の公序良俗（誓約書による制限の場合）により厳しく制限されています。

　具体的には、①制限の期間、②場所的範囲、③職種の範囲、④代償措置の有無等を基準として、(i)会社の利益（企業秘密の保護）、(ii)退職労働者の利益（職業選択の自由）、(iii)社会的利害（一般消費者の利益）の三つの視点に立って、合理的な範囲を慎重に検討すべきものとされています。

　以上を前提として、いかなる場合に退職後の競業避止義務が有効と認められるかについては、前述の(i)〜(iii)の状況によって全く異なるため、一般化は困難と言わざるを得ません（例えば、会社の事業が特定の都道府県のみで展開されている場合には、②場所的制限を一切設けないことは不合理であるという判断に傾きますし、全国展開されている場合には、日本国内を範囲としても直ちに不合理とはいえないものと考えられます）。もっとも、裁判例の傾向に照らすと、少なくとも①制限の期間については、1年程度にとどめておくことが望ましいでしょう。

　なお、競業避止義務の有無にかかわらず、多数の従業員を一斉に引き

抜く行為や、在職中に持ち出した顧客情報を利用した顧客の奪取行為など、従業員の競業行為の手段および態様が社会的相当性を逸脱していると評価できる場合には、その従業員に対する不法行為に基づく損害賠償請求が認められます。

② 退職後の秘密保持義務

競業避止義務と同様に、従業員は、会社在職中は、労働契約上の付随義務として当然に秘密保持義務を負うものとされています。これに対し、退職後の秘密保持義務については、裁判例上は一部見解が分かれているものの、基本的には就業規則または誓約書等における根拠状況が存在する場合に限り認められるものと解されています。

もっとも、在職中に従業員が習得した知識・技能・経験等は、当該会社でなければ習得できないような特殊なものでない限り、従業員の一種の主観的財産を構成するものといえるため、退職後の秘密保持義務の有効性についても、合理的な範囲に限って認められます。

具体的には、①秘密の性質・範囲、②秘密の価値、③従業員の在職中の地位等に照らして合理的な範囲を検討すべきであり、少なくとも就業規則または誓約書等において退職後の秘密保持義務を規定する場合には、その対象範囲を無制限とするのではなく、客観的に重要と認められる秘密情報の範囲に限定し、かつ、秘密保持義務の存続期間も定めておくことが望ましいといえます。

③ 競業避止義務・秘密保持義務の実効性

就業規則または誓約書等において競業避止義務・秘密保持義務を定めた場合において、実際に退職後の競業行為・秘密漏洩行為が確認されたときは、実務上、①差し止めの仮処分の申し立て、②損害賠償請求を検討することになります。

もっとも、①差し止めの仮処分が認められるためには、営業上の利益

が現に侵害され、またはその具体的なおそれがあること等の「保全の必要性」を疎明する必要があるため、仮処分が実際に認められるケースは限られます。

また、②損害賠償請求についても、まだ損害が発生していない、何らかの損害は発生しているが損害額が確定できない等の理由により、実際に請求が認められるケースは限られます。

そのため、これらの義務の実効性をできる限り担保するためには、その違反に対する退職金の不支給・減額条項等を設けておくことが有益です。また、裁判例上、これらの義務違反に対して違約金を定めることも、その金額等が合理的な範囲であれば認められていますので、一定の違約金を定めることも一考に値するでしょう。

退職・解雇・雇止め

労働契約が終了するのはどのような場合か

1 労働契約の終了事由

労働契約の終了事由は、主に、①当事者間の合意によるもの、②当事者の一方的な意思表示によるもの、③その他の事由によるものに分けられ、それぞれの場面ごとに、論点も異なります。

主な終了事由別に論点をまとめると、次の表のようになります。

✓ 労働契約が終了する主な事由と論点

主な終了事由		主な論点
当事者間の合意によるもの	合意退職	意思表示の瑕疵、退職勧奨の限界
当事者の一方的な意思表示によるもの	労働者から　辞職	意思表示の瑕疵、退職勧奨の限界
	使用者から　普通解雇	解雇権濫用法理
	整理解雇	
	懲戒解雇	
その他の事由によるもの	有期雇用期間の満了	雇止め法理
	定年制	雇用確保措置
	休職期間満了	休職事由の消滅の有無

2 複数の終了事由が考えられる場合の使い分け

[1] 解雇か、合意退職（または辞職）か

会社が、労働契約を終了させることを考える場合、いかなる事由によるべきか悩む場面もあるでしょう。

例えば、普通解雇や整理解雇を検討する場合には、仮に解雇事由が認められる場合であっても、まずは、合意退職や辞職を促すなど、法的リ

スクの少ない手段での実現可能性を検討するのが望ましいといえます。解雇のように、会社からの一方的な意思表示で労働契約を終了させた場合、対象となった労働者が納得せず、事後的に、労働審判や訴訟が提起されるおそれがあるからです。

労働審判や訴訟の対応をするだけでも会社の大きな負担となりますし、さらに、299 ページで詳しく述べるとおり、解雇については、解雇権濫用法理の厳格な適用によって、労働審判や訴訟において解雇が有効と認められるハードルは高く、解雇が無効と認められる可能性も相当程度あります。

解雇が無効となった場合には、会社としては、労働契約を終了させたかった労働者が復職することとなって現場が混乱する可能性も十分にあり得ますし、解雇から復職までの間の賃金の支払義務を負うことにもなります。

以上のことは、私傷病を原因とする休職期間満了退職の場合も同様です。

「労働契約の終了」を確実に実現することが一つの重要な判断要素と考えられますので、最終的に合意退職を選択しないとしても、選択肢の一つとして、その可能性を検討するのが望ましいでしょう。

[2] 懲戒解雇か、普通解雇か

懲戒解雇は、懲戒処分の中でも極刑として位置づけられています。通常は、解雇予告手当も支払われず、また退職金も支給されませんし、再就職に重大な支障が生じる場合もあります。

このように、懲戒解雇がなされた場合の不利益の大きさからすると、懲戒解雇とされた労働者は必死にその有効性を争ってくることが想定されます。また、裁判所が有効と認めるハードルも、普通解雇の場合より、懲戒解雇の場合のほうが高くなると考えられます。

したがって、形式的には懲戒解雇事由に該当する場合であっても、悪

質性がそれほど高くない場合には、まずは、普通解雇から検討するほう
が望ましいと考えられます。

　一方で、会社に対する横領等、刑法に抵触するような悪質性の高い事
案については、懲戒解雇を選択することが多いように見受けられます。
また、厳罰をもって臨まなければ他の労働者に示しがつかないという場
合には、リスクを負ってでも懲戒解雇とすることもあり得ます。

　懲戒解雇を検討するような不祥事が発覚した場合は、当該労働者に対
する感情が先走ってしまい、つい、厳格な処分で臨みたいという気持ち
が強くなってしまいがちです。こういった際は、懲戒解雇をした場合の
リスクを検討し、会社として優先すべき事項は何であるかを冷静に分析
することが重要であると考えます。

　なお、懲戒解雇が無効と判断される場合に備えて、解雇の際に、主位
的に懲戒解雇、予備的に普通解雇を申し渡すこと（解雇通知書にそのよ
うに記載すること）も可能です。懲戒解雇は重過ぎるとされても、その
事由をもって普通解雇が認められるケースもあります。

Q 退職代行業者の利用など、所定の手続きに従わない退職の申し出にも応じなければならないか

1 辞職に関する原則

　民法 627 条においては、期間の定めのない労働契約については、会社および労働者は、相手方に対して、いつでも解約の申し入れをすることができ、解約の申し入れの日から 2 週間の経過によって労働契約は終了するとされています。

　したがって、無期雇用の労働者には、原則として、2 週間の予告期間さえ置けば、退職の自由が認められているといえます（とはいえ、使用者からの解約の申し入れについては、解雇権濫用法理が適用されます。299 ページを参照ください）。

2 所定の手続きに従わない退職の申し出がなされた場合

　労働者からの退職の申し出については、実際には、退職の意思表示をするための一定の手続きや書式、退職の申し出期限が社内規則で定められていたりすることがあります。

　しかし、昨今、いわゆる「退職代行業者」が利用されたり、LINE やメール等での退職連絡が話題となっているように、社内規則に従わずに退職の意思表示がなされる場合があります。

　このように、社内規則に従わずになされた退職の申し出であっても、法的に有効と扱わなければならないのかどうかが問題となります。

[1] 期限を経過した後の退職の申し出

　就業規則において、「退職をするに当たっては、30 日前に会社に申し出なければならない」などと、2 週間以上前に退職の申し出をするよう

に定められている場合があります。

　しかし、冒頭に述べたとおり、民法上は2週間の予告期間を置けばいつでも辞職できるとされています。そして、この規定は、人身拘束の防止という労働者保護の観点から強行規定と考えられていますので、これに反する規定はその限度で無効になると考えられます。

　したがって、上記就業規則の規定がある会社において、例えば、20日前に退職の申し出がなされた場合であっても、会社はこれを有効な退職の申し出として扱わなければなりません。

[2] 様式違反の退職の申し出

　就業規則において、「退職の申し出には、会社所定の書式に従って、書面で提出しなければならない」といったルールが定められていることもあると思います。

　しかし、民法627条においては、解約申し入れの意思表示の様式は特段規定されていない上、前記 [1] のとおり、同条は強行規定と考えられますので、退職の意思表示の様式を限定する趣旨での就業規則は、有効と認められないおそれがあります。そのため、会社指定の方法によらず、例えば、メールやLINE、電話等で退職の意思表示がなされた場合であっても、それを有効として扱わざるを得ず、退職自体を制限することはできません。この点は、退職代行業者を通じて行われた場合も同様です。

　ただし、会社所定の様式に従うよりも、メールや電話等で退職の申し出を行ったり、退職代行業者を利用したほうが、一般的に本人の心理的負担が軽いことから、一時的な感情で退職の意思表示をしてしまい、冷静になって考え直した本人から、「実は、真意に基づく意思表示ではない」として、事後的に、退職の意思表示の有効性が争われる可能性も否定できません。

　したがって、会社が指定する方法で退職の意思表示がなされなかった

場合には、別途、会社所定の書式での書面の提出を促したり、一方的に退職の申し出を受けるにとどめるのではなく、少なくとも、もう一往復のやりとりを行って、「真意に基づく退職の意思表示で間違いないか」ということをあらためて確認するなどして、最初の退職の意思表示を補完するための措置を講じるのが望ましいといえます。

Q 退職勧奨をする場合に注意すべき点は何か

1 退職勧奨とは

退職勧奨とは、使用者が、労働者に対して、合意解約や辞職等の自発的な退職の意思形成を働き掛ける行為をいいます。

退職勧奨は、労働者の意思形成を「促す」だけなので、特に法的な要件が定められているわけではなく、自由に行うことができるのが原則です。

また、退職勧奨自体は、労働契約終了の効果等何らかの法的効力を生じさせるものではありません。退職勧奨の結果、労働者が合意解約や辞職に応じるなどして、初めて労働契約終了の効果が生じます。

2 退職勧奨の限界

退職勧奨が執拗に繰り返されて強制的な性質を帯びたり、相手方の人格を否定するような言動が用いられた場合においては、労働者の合意解約や辞職の意思表示が実質的に自由意思によるものではなかったとして、退職に関する意思表示が無効となったり、取り消される可能性があります。

また、労働者が退職に応じるかどうかにかかわらず、退職勧奨が不適切な態様で実施された場合は、それ自体が不法行為に該当するものとして、会社や退職勧奨を行った者に損害賠償責任が生じることがあります。

このように、退職勧奨自体は自由に行うことができるのが原則であるものの、一定の限界が存在します。そこで、退職勧奨がどのような場合に違法となるのか、その判断基準が問題となります。

3 退職勧奨が適法か違法かの判断基準

退職勧奨が適法か違法かの判断基準については、裁判例において、「労

働者の自発的な退職意思を形成する本来の目的実現のために<u>社会通念上相当と認められる限度を超えて、当該労働者に対して不当な心理的圧力を加えたり、又は、その名誉感情を不当に害するような言辞を用いたりすることによって、その自由な退職意思の形成を妨げるに足りる不当な行為ないし言動をすることは許されず、</u>そのようなことがされた退職勧奨行為は、もはや、その限度を超えた違法なものとして不法行為を構成することとなる」（下線は筆者によるもの）と示したものがあります。

具体的に注意する必要がある点を、次表にまとめました。

✓ 退職勧奨が違法と判断されないための留意点

項目	判断に当たっての留意点
①退職勧奨の１回当たりの時間	・長時間であると違法性を推認させる要素となる ・長くても１時間程度とするのが望ましいと考える。それ以上継続する必要があれば、日を改めるのがよい
②退職勧奨の回数、期間（間隔）	・回数が多いほど、また、間隔が短いほど、違法性を推認させる要素となる
③退職勧奨を行う人数	・人数が多いほど、威圧的であるとして、違法性を推認させる要素となる ・ただし、１対１だと、言動について「言った・言わない」の問題となるリスクがあるので、２人での対応を基本とするのが望ましい
④退職勧奨の時間・場所	・社外や就業時間外に勧奨を行ったりするのは、違法性を推認させる要素となる ・就業時間内に、社内の会議室で実施することが望ましい
⑤退職勧奨の際の言動	・机をたたく、大声を出す、人格的非難、威圧的言動等を行った場合は、当然のことながら、違法性を推認させる要素となる ・「合意をしなければ、解雇することになる」といった解雇の意思表示と受け止められかねない言動も避けるべき

⑥拒絶の意思表示の有無	・退職に消極的な意思表示を示したからといって、その後の退職勧奨が一切認められなくなるわけではない ・ただし、退職勧奨には今後一切応じない旨の意思表示が明確になされたにもかかわらず、その後も執拗に退職勧奨を繰り返した場合は、違法となるおそれがある

　退職勧奨が違法かどうかは、上記①〜⑥の要素を中心とする総合評価で判断されるものであり、必ずしもこれらの要素がすべて満たされなければ適法とならない（一つでも欠けると違法となる）というものではありません。

　しかし、実務上、退職勧奨を行うに当たっては、これらの要素をすべてクリアできるような態様で実施することが望ましいといえます。

Q 解雇にはどのような規制があるのか

1 解雇における基本的な規制

解雇とは、会社が一方的に労働契約を終了させることをいいます。

民法においては、期間の定めのない労働契約を締結した労働者に対して、会社は、いつでも解約の申し入れをすることができ、解約の申し入れの日から2週間の経過によって労働契約は終了すると規定されています。民法だけで見ると、会社は、2週間前に解約の申し入れさえすれば、いつでも労働者を解雇できるという、「解雇の自由」が認められています（293ページ参照）。

しかし、労働者保護の観点から、労基法ではこれが修正され、30日前に解雇の予告が必要とされています。

また、労契法において、「解雇は、客観的に合理的な理由を欠き、社会通念上相当であると認められない場合は、その権利を濫用したものとして、無効とする」と規定され、「解雇の自由」が制限されています。これを「解雇権濫用法理」といいます。

結局、解雇予告は30日前に必要であり、また、解雇権濫用法理の適用もあることから、実務上、解雇が有効と認められるのは極めて高いハードルとなっているのです。

2 解雇制限

解雇を有効になし得る場合であっても、次の期間においては、解雇することが禁止されています。

①労働者が業務上の負傷または疾病の療養のために休業する期間およびその後30日間
②産前産後の休業期間およびその後30日間

この期間中に行われた解雇は無効となるほか、6カ月以下の懲役または30万円以下の罰金が科される場合もあります。

　しかし、この解雇制限期間中であっても、次の場合は、例外的に解雇が認められます。

①業務上の負傷や疾病の療養開始後3年を経過しても負傷や疾病が治らない労働者に対して会社が打切補償を支払った場合
②天災事変その他やむを得ない事由のために事業の継続が不可能となった場合（労働基準監督署長の認定が必要）

③ 解雇の予告義務

　1のとおり、民法においては、2週間前に解約の申し入れが必要とされていますが、労基法ではこれが修正され、30日前に解雇の予告が必要とされています。

　ただし、解雇予告期間の日数は、解雇予告手当として1日分の平均賃金を支払えば、その日数分だけ、短縮することができます。したがって、例えば、30日分の解雇予告手当を支払えば、解雇予告期間をおくことなく、即時に解雇することができます。

　ただし、次の場合は、例外的に、解雇予告あるいは解雇予告手当の支払いが不要となります。

①天災事変その他やむを得ない事由のために事業の継続が不可能となった場合
②労働者の責に帰すべき事由に基づいて解雇する場合
※労働基準監督署長の認定が必要

　特に、②について、「即時に懲戒解雇をしたい。でも、解雇予告手当は支払いたくない」という場合であっても、労働基準監督署長の認定（一般に「解雇予告除外認定」といいます）が必要となりますので、注意しましょう。懲戒解雇に該当する場合であるからといって、当然に解雇予

告手当の支払いが不要となるわけではありません。

さらに、以下の労働者に対しては、解雇予告手続きが不要とされます。

①日々雇い入れられる者
②2カ月以内の期間を定めて使用される者
③季節的業務に4カ月以内の期間を定めて使用される者
④試用期間中の者

勤務成績不良を理由として
労働者を解雇する際に注意すべきことは何か

1 勤務成績不良を理由とする解雇の留意点

[1] 勤務成績不良は「程度」に留意

　勤務成績不良を理由とする解雇も、その有効性が認められるためには、「客観的に合理的な理由」と「社会的相当性」が必要となります。

　整理解雇や懲戒解雇であれば、ある程度解雇理由の中心となるべき事由が明確であり、過去の事例とも比較しやすいものですが、勤務成績不良を理由とする解雇の場合は必ずしもそうではなく、それ単独では解雇理由とは認められないような事由の積み重ねで判断をしなければならないことが多いという点に特徴があるでしょう。

　さらに、長期雇用慣行の下においては、単に勤務成績が不良であると認められるだけでは足りず、企業経営に支障が生じ、企業から排斥しなければならない程度にまで達している必要があるとされます。

　このように勤務成績不良を解雇理由とする場合は、成績不良の「有無」だけでなく、「程度」にまで留意する必要があります。

[2] 解雇回避措置（改善の機会の付与、配転等）も重要

　さらに、裁判例の傾向からしますと、勤務成績不良が認められるだけでは足りず、改善の機会の付与などの解雇回避措置が講じられていたかどうかが重要な判断要素とされているといえます。

　つまり、勤務成績不良による解雇が有効と認められるためには、業務上のミスが生じるたびに注意・指導を繰り返し、十分な反省の機会が与えられたにもかかわらずそれでも改善されないという実態や、配転をしたにもかかわらず能力の改善が認められないという実態が認められるかどうかが重要となります。

この点について、会社や職場によっては、「注意を聞かない」「注意をすると反論してくるから面倒だ」として、次第に注意や指導を行うことを敬遠するようになってしまっているケースも見受けられますが、将来的に勤務成績不良による解雇も選択できるように、注意や指導を根気よく粘り強く実施しておくことが重要です。

2 勤務成績不良の事実を具体的に特定する必要性

[1] 具体的な事実の把握・特定の重要性

　以上のとおり、勤務成績不良を理由とする解雇が有効と認められるには、主に、①成績不良や能力不足を示す事由、②注意・指導を行ったこと、③それでも改善されないことが重要な要素となりますが、さらに重要であるのが、これらの要素を「具体的な事実」によって把握・特定することです。

　例えば、「従業員Aは、同じようなミスを繰り返す。何度注意をしても改善されない。他の部署からも苦情が多い。そのせいで、他の従業員にも迷惑が掛かっている。だから、解雇したい」と考えたとしても、これ以上、具体的に事実を特定できなければ、結局、「勤務成績不良」であるとの事実が認められず、裁判になった場合に解雇が有効となる可能性は極めて低いといえます。

　以上のような理由から解雇を検討するのであれば、少なくとも、次のような具体的な事実関係を把握・特定する必要があります。

- 「ミス」とは、いつ、どういう場面で、どういう行為をしたこと（しなかったこと）をいうのか
- 「繰り返す」と評価できるほどに、具体的な「ミス」の事実を多数回特定できるのか
- 「注意をした」とは、いつ、誰が、どこで、どのように注意をした事実をいうのか

- 「『何度』注意をしても」と評価できるほどに、具体的な注意・指導の事実を多数回特定できるのか
- いつ、どの部署から、どのような内容のクレームが入ったのか
- 「従業員に迷惑が掛かる」とは、具体的にどのような事象をいうのか

　勤務成績不良の従業員本人と接している現場の従業員は、肌感覚として、その勤務成績不良の内容を当たり前のものと認識してしまっているため、つい抽象的な事実を並べがちです。

　しかし、現場を知らない第三者（現場から相談を受ける人事部や法務部、究極的には、その有効性を判断する裁判官）に納得してもらうためには、抽象的な事実をどれだけ主張しても足りません。解雇理由を構成するような一つひとつの事実関係について、いわゆる5W1Hを具体的に把握・特定することが重要となります。

[2] 記録化の重要性

　さらに、以上に述べたような具体的な事実を、記憶だけにとどめておくのではなく、記録として証拠化しておくことも重要です。

　特に、勤務不良を示す個別の事実や注意指導を行った事実については、現場担当者から上司への報告書（報告メール）の形で証拠化しておくのも有効な手段の一つといえます。

業績不振を理由に労働者を解雇する際に注意すべきことは何か

1 整理解雇の要件

　企業が経営上の理由から実施する人員削減を「整理解雇」といいます。整理解雇であっても、「解雇」であることには違いありませんので、その有効性が認められるためには、「客観的に合理的な理由」と「社会的相当性」が必要となります。

　整理解雇の場面において、「客観的に合理的な理由」と「社会的相当性」を検討するに当たっては、過去の裁判例の蓄積によって、特に、①人員削減の必要性、②解雇回避努力、③人選の合理性、④手続きの相当性の4点を考慮することが必要とされています。

　各事項の概要は次表のとおりです。

✓ 整理解雇の4要素

項目	判断に当たっての留意点
①人員削減の必要性	・債務超過等の経営上の危機にあることを合理的に説明できれば、基本的には、人員削減の必要性が認められる傾向にある ・他方で、整理解雇を行いつつも新規採用を行ったり、賃上げを行ったりしているなど、整理解雇と矛盾するような行動をしていた場合には、人員削減の必要性が否定される可能性がある ・黒字であっても経営合理化・競争力強化といった戦略的な理由でリストラが行われることもあるが、現在の裁判実務からすると、このような理由で「人員削減の必要性」が認められるのは難しいと考えられる

②解雇回避努力	・一般的な措置としては、配転、出向、新規採用中止、残業の削減、役員報酬の減額等によって解雇を回避するための努力を行ったかどうかが問題とされる ・解雇回避努力を尽くしたかどうかについては、画一的な基準で判断することは合理的ではなく、企業が置かれた具体的な状況を踏まえて、個別に、真摯かつ合理的な努力がされたかどうかを判断することとなる
③人選の合理性	・人選が恣意的であると評価されないように、客観的な基準を設定し、その基準に従って、被解雇者を選出することが重要 ・被解雇者を選出する際の基準としては、例えば、勤続年数、勤務成績、経済的打撃の大きさ（年齢、扶養家族の有無等）等が考えられる ・実際には、恣意的な選出をしていないとしても、選出基準が明確でない場合には、人選の合理性が認めらないおそれがあるので注意が必要
④手続きの相当性	・労働組合との間に解雇協議条項がある場合には、労働組合と協議を行うことが必須 ・労働組合がない場合であっても、整理解雇の対象となる労働者に対して、上記①～③の項目について、納得が得られるような十分な説明をすることが必要

　なお、上記4点について、「4要件」（どれか一つでも欠ければ無効である）か「4要素」（要件としてすべてを満たす必要はなく総合考慮して判断するものである）という説の争いがあり、近年の裁判例は、後者の見解に立つ傾向にあります。しかし、「4要素」であると考えた場合でも、何かが欠ければ、総合考慮により整理解雇が無効であると判断される可能性も残ります。

　したがって、「4要件」か「4要素」かにかかわらず、特に、これから実施しようとする整理解雇の有効性を検討するに当たっては、上記4点をいずれも満たしているかどうかという観点が重要です。

② 検討順序

　整理解雇を実施する場合においても、その有効性を事前に正確に判断するのは難しいといえます。したがって、整理解雇の要件を満たすと考えられる場合であっても、まずは、合意退職または辞職による人員削減の実現を図るのが望ましいでしょう。

　具体的には、まず、希望退職制度を設け、自発的な退職を促すことが望ましいと考えられます。

　もし、希望退職制度への応募が想定よりも少ない場合には、個別に退職勧奨を行うことが考えられます。

　希望退職制度や退職勧奨によって思うような人員削減が進まなかったとしても、これらの措置を取ったこと自体、解雇回避努力を尽くしたことを示す一つの事実になるといえます。

　これらの措置を尽くしても思うような人員削減の結果が得られない場合に整理解雇を検討するのが、法的リスクの少ない進め方であるといえます。

有期雇用労働者を期間途中に解雇することはできるか

1 有期雇用労働者の解雇の特則

　民法上、期間の定めの「ない」労働契約は、2週間前に解約の申し入れをすれば、その申し入れの日から2週間の経過によって労働契約は終了するとされています（なお、使用者側からの解雇の場合は、少なくとも30日前に解雇の予告が必要です）。

　一方、期間の定めの「ある」労働契約については、有期雇用期間中にやむを得ない事由がある場合は、直ちに契約を解除することができると規定されています（民法628条）。

　しかし、この民法の定めは、「やむを得ない事由」が「ある」ときに、契約を解除できるという規定になっており、「やむを得ない事由」が「ない」ときには解除ができるのかどうか、文言上は必ずしも明確ではありませんでした。

　そこで、労契法17条で、「使用者は、期間の定めのある労働契約について、やむを得ない事由がある場合でなければ、その契約期間が満了するまでの間において、労働者を解雇することができない」と規定され、ルールが明確にされました。なお、労契法17条は、強行規定と考えられているため、これに反する合意（例えば、「契約期間中、やむを得ない事由がなくても労働者を解雇できる」旨の合意）をしても無効となります。

2 「やむを得ない事由」とは

　このように有期雇用労働者の期間中の解雇には「やむを得ない事由」が必要とされていますので、この「やむを得ない事由」の内容が問題となります。

　解雇については、解雇権濫用法理が適用され、「客観的に合理的な理由

を欠き、社会通念上相当であると認められない場合は、その権利を濫用したものとして、無効とする」とされています。

　ただし、期間の定めのある労働契約は、期間が満了すれば当然に終了するのが原則であり、無期雇用と比較して労働契約の終了が容易に認められるようになっている半面、その期間中の雇用は強く保証されているものと考えられます。

　したがって、民法628条と労契法17条が定める「やむを得ない事由」とは、「『客観的に合理的』であり『社会通念上相当である』事由」よりも、さらに厳格に解釈され、期間の終期まで雇用することを約束しているにもかかわらず、期間満了を待つことなく労働契約を終了せざるを得ないような特別の重大な事由をいいます。例えば、以下のような事由が「やむを得ない事由」に該当するとされています。

- 労働者の重大な義務違反や背信行為
- 事業の廃止または長期間の中止
- 経営環境の急激な変化による事業運営の困難

　例示した事由は、いずれも通常の解雇理由ともなり得るものであり、必ずしも、「やむを得ない事由」と「『客観的に合理的』であり『社会通念上相当である』事由」とを明確に区別できるものではありませんが、重要なのは、有期雇用労働者の期間中の解雇は、相当厳格に解釈されるものであって、容易に認められるものではないということを理解しておくことです。

　このように、「やむを得ない事由」が認められるハードルが非常に高いことからすると、有期雇用労働者との労働契約関係を契約期間中に終了させたいと考えた場合であっても、直ちに期間途中の解雇を検討するのではなく、残存期間によっては、自宅待機を命じて、その間の賃金は通常どおり支払い、期間満了をもって労働契約を終了させるという措置を取ることも検討に値すると考えます。

Q 有期雇用労働者を雇止めする際に 気をつけるべきことは何か

1 雇止め法理とは

[1] 民法上の原則

　期間の定めのある労働契約は、期間が満了すれば当然に終了するのが原則です。「契約の更新」は、新規に労働契約を締結するかどうかという問題ですので、本来であれば、会社は、更新しないという判断をすることも自由にできるのですが、期間が満了したにもかかわらず、労働者が勤務を続けており、会社もこれに異議を述べない場合は、黙示の更新があったものとされます。

[2] 雇止め法理

　さらに、有期雇用労働者保護の観点から、労契法19条において、次の①～③を満たす場合には、更新申し込みの拒絶（一般に「雇止め」といいます）が制限され、契約期間が満了しても、当該労働契約が終了しないこととなります。

①有期労働契約が以下のいずれかに該当する場合であること
  ・有期労働契約が反復更新され、当該契約を更新拒絶で終了させることが、無期労働契約を解雇によって終了させるのと社会通念上同視できると認められること（労契法19条1号）
  ・労働者において当該有期労働契約が更新されるものと期待することについて合理的な理由があると認められること（同法19条2号）
②上記契約期間が満了する日までの間に労働者が当該契約の更新の申し込みをした場合または当該契約期間の満了後遅滞なく有期労働契約の締結の申し込みをした場合であること

③会社がその申し込みを拒絶することが、客観的に合理的な理由を欠き、社会通念上相当であると認められないとき

2 雇止め法理が適用されないために

[1] 更新限度条項や不更新条項の設定

　前記のようなケースでは、労契法16条によって雇止めが制限されます。これを避けるためには、①有期労働契約締結時において、更新限度（例えば、更新は3度まで、期間は3年までとする、など）に関する条項（更新限度条項）を定めることや、②更新時に、今回の更新が最後であって次回以降は更新しない旨の条項（不更新条項）を定めることが考えられます。

　しかし、労働者としては、契約更新時の不更新条項の設定を受け入れなければ更新してもらえないと考えて、やむなく承諾する可能性も考えられます。自由意思でないとされれば、雇止めが無効になる可能性が大いにあるため、進め方に留意が必要です。

　したがって、会社は、これらの条項を設定する際には、その内容について十分な説明と情報提供を行い、労働者が納得した上で、自由意思で当該条項を受け入れたといえるかどうかを慎重に判断する必要があります。

[2] 厳格な労務管理

　実質無期状態と判断されないようにするためには、更新手続きを厳格に行うことが重要です。例えば、更新の都度契約書が作成され、契約内容の確認・説明が十分になされ、記名・押印等がきちんとなされていれば、厳格な更新手続きが実施されていると考えられます。

　また、更新の合理的期待の観点から、更新を期待させるような言動をしないことが重要です。特に、そのような言動がされていた場合には、

更新が一度もされていなくても、合理的期待があると認められてしまう可能性があります。更新手続きを厳格に行ったり、更新限度条項や不更新条項を定めたりするなど、雇止め法理が適用されないように努めていても、更新を期待させる言動がされてしまえば、これらの努力が無に帰す結果となるおそれもあります。

③ 雇止めの留意点

　以上を踏まえて、有期雇用労働者の雇止めを検討する際は、以下の事実関係を調査し、雇止めが無効となる可能性があるかどうかを慎重に判断する必要があります。

①業務の客観的内容（一時的・季節的なものか恒常的なものか、補助的なものか、重要なものか）
②更新回数および通算の契約期間
③更新手続きの実態（厳格になされていたかどうか）
④更新を期待させるような言動の有無

Q 定年退職に関連して注意すべきことは何か

1 定年制とは

「定年制」とは、労働者が一定の年齢に達したときに、労働契約が終了する制度をいいます。定年前の退職や解雇が制限されているわけではありませんので、労働契約の期間の定めとは異なるものとされ、一種の「合意解約」と整理できるものです。

2 高年齢者雇用安定法による基本的ルール

[1] 現行ルール

定年年齢や定年後の雇用確保措置については、高年法において、表のとおり定められています。

✓ 2021 年 3 月 31 日までの義務

60 歳未満の定年の禁止	定年年齢は 60 歳を下回ることはできない（高年法 8 条）
65 歳までの雇用確保措置	定年年齢を 65 歳未満としている事業主は、原則として、以下のいずれかの措置を講じなければならない（高年法 9 条） ①定年の引き上げ ②継続雇用制度の導入 ③定年制の廃止

事業主が、65 歳までの雇用確保措置を講じない場合には、厚生労働大臣が、①必要な指導や助言を行うことができ、②当該指導・助言に従わない場合には、勧告をすることができ、③勧告にも従わない場合はその旨を公表できるとされています。

[2] 2021 年 4 月 1 日からのルール

　さらに、高年法の改正により、2021 年 4 月からは、前記［**1**］の 65 歳までの雇用確保義務に加えて、70 歳までの就業確保措置を講じることが努力義務となります。

✓ 2021 年 4 月 1 日から追加される努力義務

①70 歳までの定年引き上げ
②定年制の廃止
③70 歳までの継続雇用制度（再雇用制度・勤務延長制度）の導入
④70 歳まで継続的に業務委託契約を締結する制度の導入
⑤70 歳まで継続的に以下の事業に従事できる制度の導入
　(ⅰ) 事業主が自ら実施する社会貢献事業
　(ⅱ) 事業主が委託、出資（資金提供）等する団体が行う社会貢献事業

　これらは、あくまで努力義務とされていますので、65 歳までの雇用確保措置を講じている企業であれば、2021 年 4 月以降も従前どおりの運用とすることでも直ちに違法とされるものではありません。

　しかし、将来的に、「努力義務」から「義務」へと改正されることも否定はできませんし、こういった措置は、いざ導入しようとなった際に、必ずしも簡易迅速に対応できるものではなく、慎重な検討や調整が必要になる性質のものであるといえます。したがって、改正ルールへの対応については、早めに検討を始めておくことが望ましいでしょう。

③ 定年後の雇用延長・再雇用の際の留意点

　高年法に基づく雇用確保措置の一環として継続雇用制度を導入する場合であっても、高年法は、定年前と同一の労働条件を義務づけるものではありません。実際に継続雇用制度の下では、賃金の水準が定年前と比べて大きく引き下げられたり、定年前の業務とは異なる業務に従事させられたりする例が多く見られます。

しかし、過去の裁判例においては、定年後の継続雇用としてどのような労働条件を提示するかについては一定の裁量があるとしても、提示した労働条件が到底容認できないような低額の給与水準であったり、社会通念に照らし当該労働者にとって到底受け入れ難いような職務内容を提示したりするなど、実質的に継続雇用の機会を与えたとは認められない場合においては、高年法の趣旨に反するものとして、不法行為に基づく損害賠償責任が認められた例もあります。

　したがって、定年後において定年前より待遇を下げるとしても、高年法の趣旨に照らして不合理となることのないよう、十分に注意する必要があります。

　なお、継続雇用の対象となる労働者は、有期雇用労働者であることも多いため、その待遇については、同一労働同一賃金の観点から問題となることもありますので、注意が必要です（同一労働同一賃金については、59 ページを参照ください）。

■執筆者紹介

近藤 圭介　こんどう けいすけ

TMI 総合法律事務所　パートナー弁護士

2005 年中央大学法学部卒業。05 年司法試験合格。07 年司法修習終了（60 期）、弁護士登録（東京弁護士会）、TMI 総合法律事務所入所。18 年パートナー就任。主に、労働関係、M&A、一般企業法務の分野を取り扱う。主な著書として、『個別労働トラブルにおける和解のポイントと条項例』（新日本法規、2020 年、共著）、『労働時間の法律相談』（青林書院、2020 年、共著）、『M & A における労働法務 DD のポイント（第 2 版）』（商事法務、2020 年、共著）、『新労働事件実務マニュアル（第 5 版）』（ぎょうせい、2020 年、共著）、『同一労働同一賃金対応の手引き』（労務行政、2019 年、共著）等多数。

相澤 恵美　あいざわ えみ

TMI 総合法律事務所　アソシエイト弁護士

2008 年慶應義塾大学法科大学院卒業。08 年司法試験合格。09 年司法修習終了（新 62 期）、弁護士登録（東京弁護士会）、TMI 総合法律事務所入所。主に、労働関係、訴訟一般を取り扱う。主な著書として、『個別労働トラブルにおける和解のポイントと条項例』（新日本法規、2020 年、共著）、『M & A における労働法務 DD のポイント（第 2 版）』（商事法務、2020 年、共著）、『企業のためのサイバーセキュリティの法律実務』（商事法務、2016 年、共著）等。

鈴木 弘記　すずき ひろき

TMI 総合法律事務所　アソシエイト弁護士

2008 年一橋大学法科大学院卒業。08 年司法試験合格。09 年司法修習終了（新 62 期）、弁護士登録（第二東京弁護士会）、TMI 総合法律事務所入所。主に、労働関係、消費者法関係、訴訟一般を取り扱う。主な著書として、『個別労働トラブルにおける和解のポイントと条項例』（新日本法規、2020 年、共著）、『労働時間の法律相談』（青林書院、2020 年、共著）等。

那須 勇太　なす ゆうた

TMI 総合法律事務所　パートナー弁護士

2009 年慶應義塾大学法科大学院卒業。09 年司法試験合格。10 年司法修習終了（新 63 期）、弁護士登録（第一東京弁護士会）、TMI 総合法律事務所入所。21 年パートナー就任。主に、労働関係、エンタテインメント、サイバーセキュリティ分野を取り扱う。主な著書として、『労働時間の法律相談』（青林書院、2020 年、共著）、『起業の法務 新規ビジネス設計のケースメソッド』（商事法務、2019 年、共著）等。

本木 啓三郎　もとき けいざぶろう

TMI 総合法律事務所　アソシエイト弁護士

2010 年慶應義塾大学法科大学院卒業。10 年司法試験合格。11 年司法修習終了（新 64 期）、弁護士登録（第二東京弁護士会）、TMI 総合法律事務所入所。主に、M&A、労働関係、一般

企業法務の分野を取り扱う。主な著書として、『業務委託契約書作成のポイント』（中央経済社、2018 年、共著）。TMI 月例セミナー「従業員による不祥事への対応」など、多数のセミナーにて講師を務める。

大村 麻美子　おおむら まみこ
TMI 総合法律事務所　アソシエイト弁護士
2012 年中央大学法科大学院卒業。12 年司法試験合格。13 年司法修習終了（66 期）、弁護士登録（東京弁護士会）、TMI 総合法律事務所入所。主に、労働関係、知的財産、一般企業法務の分野を取り扱う。主な著書として、『同一労働同一賃金 対応の手引き』（労務行政、2019 年、共著）、『契約類型別 債権法改正に伴う契約書レビューの実務』（商事法務、2019 年、共著）。

田中 一哉　たなか かずや
TMI 総合法律事務所　アソシエイト弁護士
2012 年早稲田大学法学部卒業。12 年司法試験合格。13 年司法修習終了（66 期）、弁護士登録（第一東京弁護士会）、TMI 総合法律事務所入所。16 〜 19 年に厚生労働省へ出向し、予防司法、制度・法令改正、訴訟関連業務等に従事。19 年に厚生科学審議会再生医療等評価部会事務局に参画。主に、労働関係、ヘルスケア、一般企業法務の分野を取り扱う。

藤巻 伍　ふじまき ひとし
TMI 総合法律事務所　アソシエイト弁護士
2013 年中央大学法学部卒業。14 年司法試験合格。15 年司法修習終了（68 期）、弁護士登録（第一東京弁護士会）、TMI 総合法律事務所入所。主な著書として、『同一労働同一賃金 対応の手引き』（労務行政、2019 年、共著）、『業務委託契約書作成のポイント』（中央経済社、2018 年、共著）。TMI 特別セミナー「働き方改革に関する実務的対応」や TMI 月例セミナー「外国人雇用のいろは」など、多数のセミナーにて講師を務める。

安中 嘉彦　あんなか よしひこ
TMI 総合法律事務所　アソシエイト弁護士
2014 年東京大学法科大学院卒業。14 年司法試験合格。15 年司法修習終了（68 期）、弁護士登録（第二東京弁護士会）、渥美坂井法律事務所・外国法共同事業入所。20 年 TMI 総合法律事務所入所。主に、労働関係、M&A、一般企業法務の分野を取り扱う。

西脇 巧　にしわき たくみ
TMI 総合法律事務所　アソシエイト弁護士
2004 年 4 月から 18 年 11 月まで労働基準監督官として勤務（16 年 11 月〜 17 年 4 月には東京労働局過重労働撲滅特別対策班に所属）。在官中に司法試験に合格した後、19 年司法修習終了（72 期）、弁護士登録（第一東京弁護士会）、TMI 総合法律事務所入所。労働新聞社「送検・監督のリスク管理〈事例徹底分析〉」を連載（計 23 回）。

■執筆事務所紹介

TMI 総合法律事務所

TMI 総合法律事務所は、新しい時代が要請する総合的なプロフェッショナルサービスへの需要に応えることを目的として、1990 年 10 月 1 日に設立。設立以来、「国際化そしてさらにボーダーレスな世界に進もうとしている新しい時代への対応」「専門性の確立」「専門領域の総合化」といった設立時の基本コンセプトを絶えず念頭に置きつつ、企業法務、知的財産、ファイナンス、倒産・紛争処理を中心に、高度で専門的な法律判断と、総合的な付加価値の高いサービスを提供できる体制を構築している。

労働法プラクティスグループ

TMI 総合法律事務所内で人事労務に精通した弁護士で組織。元東京地方裁判所労働部 部総括裁判官や厚生労働省出向経験者、元主任労働基準監督官などをはじめ、豊富な知識と経験を有する弁護士を擁し、さまざまな労働問題に対して最良のアドバイスを提供している。

カバー・本文デザイン／次葉

印刷・製本／三美印刷株式会社

人事担当者のための
採用から退職までの実務Q&A100

2021年3月28日　初版発行

編著者　TMI総合法律事務所 労働法プラクティスグループ
発行所　株式会社 労務行政
　　　　〒141-0031　東京都品川区西五反田3-6-21
　　　　　　　　　　住友不動産西五反田ビル3階
　　　　TEL：03-3491-1231
　　　　FAX：03-3491-1299
　　　　https://www.rosei.jp/